BEI GRIN MACHT SICH WISSEN BEZAHLT

- Wir veröffentlichen Ihre Hausarbeit, Bachelor- und Masterarbeit

- Ihr eigenes eBook und Buch - weltweit in allen wichtigen Shops

- Verdienen Sie an jedem Verkauf

Jetzt bei www.GRIN.com hochladen und kostenlos publizieren

Bibliografische Information der Deutschen Nationalbibliothek:

Die Deutsche Bibliothek verzeichnet diese Publikation in der Deutschen Nationalbibliografie; detaillierte bibliografische Daten sind im Internet über http://dnb.d-nb.de/ abrufbar.

Dieses Werk sowie alle darin enthaltenen einzelnen Beiträge und Abbildungen sind urheberrechtlich geschützt. Jede Verwertung, die nicht ausdrücklich vom Urheberrechtsschutz zugelassen ist, bedarf der vorherigen Zustimmung des Verlages. Das gilt insbesondere für Vervielfältigungen, Bearbeitungen, Übersetzungen, Mikroverfilmungen, Auswertungen durch Datenbanken und für die Einspeicherung und Verarbeitung in elektronische Systeme. Alle Rechte, auch die des auszugsweisen Nachdrucks, der fotomechanischen Wiedergabe (einschließlich Mikrokopie) sowie der Auswertung durch Datenbanken oder ähnliche Einrichtungen, vorbehalten.

Impressum:

Copyright © 2015 GRIN Verlag, Open Publishing GmbH
Druck und Bindung: Books on Demand GmbH, Norderstedt Germany
ISBN: 9783668617339

Dieses Buch bei GRIN:

https://www.grin.com/document/373135

Eva Herrmann

Mangelnde Anerkennung im Kindesalter. Ein Ursprung für aggressives Verhalten von Kindern und Jugendlichen?

GRIN Verlag

GRIN - Your knowledge has value

Der GRIN Verlag publiziert seit 1998 wissenschaftliche Arbeiten von Studenten, Hochschullehrern und anderen Akademikern als eBook und gedrucktes Buch. Die Verlagswebsite www.grin.com ist die ideale Plattform zur Veröffentlichung von Hausarbeiten, Abschlussarbeiten, wissenschaftlichen Aufsätzen, Dissertationen und Fachbüchern.

Besuchen Sie uns im Internet:

http://www.grin.com/

http://www.facebook.com/grincom

http://www.twitter.com/grin_com

Mangelnde Anerkennung im Kindesalter als Ursprung für aggressives Verhalten bei Kindern und Jugendlichen

Inhaltsverzeichnis

1 Einleitung ... 4

2 Zur Entstehung und Semantik des Anerkennungsbegriffs im wissenschaftlichen Diskurs ... 8

   2.1 Eine Einführung in die wissenschaftliche Begriffs- und Bedeutungs-geschichte und die philosophische Bedeutung von Anerkennung ... 8

   2.2 Die „Karriere" des Anerkennungsbegriffs seit Ende des 20. Jahrhunderts und seine Bedeutungsfacetten im wissenschaftlichen Diskurs ... 9

   2.3 Der Anerkennungsbegriff und -diskurs in der Erziehungswissenschaft – eine kritische Auseinandersetzung ... 10

3 Das Bedürfnis des Kindes nach Anerkennung ... 15

4 Die Anerkennungstheorie nach Axel Honneth – Intersubjektive Anerkennung als Grundlage für die Entwicklung einer positiven Selbstbeziehung ... 22

   4.1 Eine Einführung in Honneths anerkennungstheoretische Konzeption ... 22

   4.2 Die drei Formen intersubjektiver Anerkennung nach Honneth ... 27

      4.2.1 Liebe als affektive Form von Anerkennung ... 27

      4.2.2 Recht als kognitive Form von Anerkennung ... 31

      4.2.3 Solidarität oder soziale Wertschätzung als dritte Form der Anerkennung ... 32

5 Mangelnde Anerkennung im Kindesalter als Ursprung für aggressives Verhalten bei Kindern und Jugendlichen ... 36

   5.1 Definition der Begriffe Aggression und aggressives Verhalten ... 36

   5.2 Aggressives Verhalten bei Kindern und Jugendlichen aufgrund mangelnder Anerkennung im Kindesalter – Eine Darstellung zwei verschiedener Erklärungsansätze ... 39

      5.2.1 Aggression als Folge des beim Kind unzureichend erfüllten Bedürfnisses nach Anerkennung ... 39

      5.2.2 Die Ausbildung aggressiven Verhaltens aufgrund einer gestörten Identitätsbildung im Zuge mangelnder wechselseitiger Anerkennung ... 42

6 Schlussteil 46

7 Literaturverzeichnis 49

   7.1 Verwendete Literatur 49

   7.2 Verwendete Internetquellen 51

1 Einleitung

Anerkennung stellt eine elementare Voraussetzung für die gesunde seelische Entwicklung im Kindes- und Jugendalter dar. Daher widmet sich die vorliegende Arbeit der Anerkennungsthematik, welche mittlerweile auch im pädagogischen Diskurs Einzug gefunden hat. Sie möchte verdeutlichen, wie wichtig die Erfahrung von Anerkennung im Kindesalter für die Identitätsbildung von Kindern und Jugendlichen ist.

Der dänische Familientherapeut Jesper Juul, der durch seine zahlreichen Erziehungsratgeber berühmt wurde, findet für die Bedeutsamkeit einer ausreichend entgegengebrachten Anerkennung im menschlichen Miteinander Worte, die im Folgenden dargestellt und anschließend im Rahmen dieser Arbeit an der ein oder anderen Stelle wissenschaftlich fundiert werden können. Sie sind dem Interview *Anerkennung als Lebensgrundlage*, das am 07.02.2010 vom zweiten Programm des Südwestundfunks – kurz SWR2 – ausgestrahlt, und als Manuskript von Doris Weber herausgegeben wurde, zu entnehmen. Juul ist der Auffassung, Anerkennung „(...) *hat nicht mit einer Leistung zu tun, das hat mit meinem Sein zu tun und es ist sehr, sehr weit von Lob und Kritik. Es ist nur Anerkennung. Wir brauchen diese Anerkennung. Es ist die überhaupt wichtigste Voraussetzung für Wachstum, für Entfaltung*" (Weber 2010, S. 1). An anderer Stelle betont er das allmählich wachsende Interesse daran, bzw. das wiederkehrende Bewusstsein dafür, sich der Wichtigkeit einer wechselseitigen Anerkennung in zwischenmenschlichen Beziehungen anzunehmen: „(...) *jetzt entdecken wir es langsam wieder, dass dieses Wort für das Zwischenmenschliche sehr, sehr zentral ist.... In jeder Liebesbeziehung ist diese Gleichwürdigkeit ganz, ganz zentral*" (ebd.). Die von Juul erwähnte *Gleichwürdigkeit* stellt seines Erachtens – so der Hinweis der Autorin Weber – ein Synonym von Anerkennung dar, und bedeutet für ihn, *sich gegenseitig in Würde zu begegnen* (vgl. ebd.).

Welche ungünstigen Folgen können jedoch entstehen, wenn ein Kind im Rahmen der Bildungs-, Erziehungs- und Sozialisationsprozesse von seinen wichtigsten Bezugspersonen, v.a. von seinen Eltern und Geschwistern, den Erziehern und Erzieherinnen in den Kindertagesstätten oder den Lehrern und Lehrerinnen in der Schule, in seinem Sein sowie hinsichtlich seiner individuellen Fähigkeiten nicht anerkannt wird? – wenn ihm demnach eine *mangelnde Anerkennung* von Seiten dieser prägenden Personen zukommt? Eine mögliche negative Konsequenz, die sich aufgrund dieses Anerkennungsmangels ergeben kann, ist die Ausbildung von aggressivem Verhalten in der Kindheits- oder Jugendphase. Der Grund dafür liegt, so will diese Arbeit aufzeigen, in der *Entwick-*

lung einer gestörten bzw. negativen Selbstbeziehung, welche das Resultat einer unzureichend zwischenmenschlichen Anerkennung der eigenen Person abbildet. So lässt sich aggressives Handeln in diesem Argumentationszusammenhang dadurch begründen, dass die Identitätsbildung aufgrund der mangelnden Anerkennung im Kindesalter beeinträchtigt ist, und sich somit, v.a. wegen des daraus resultierenden *geringen Selbstwertgefühls*, entwickeln kann. Daher lautet die zentrale These der vorliegenden Arbeit, dass mangelnde Anerkennung im Kindesalter als Ursprung für aggressives Verhalten bei Kindern und Jugendlichen gilt. Dieser soll sich folgendermaßen angenähert werden: Das zweite Kapitel widmet sich zunächst einmal der *wissenschaftlichen Bedeutung des Anerkennungsbegriffs*. Hierzu wird einführend auf die philosophischen Wurzeln des Anerkennungsbegriffs eingegangen. Damit einhergehend werden zudem bedeutsame, der Philosophie des 18. und 19. Jahrhunderts entstammende Auffassungen von Anerkennung angeführt. Diese Ausführungen liegen jedoch historisch gesehen etwas weiter zurück. Daher gilt, im Anschluss daran zu klären, welche begrifflichen Verständnisse diesbezüglich gegenwärtig existieren. In diesem Kontext wird auch das eingangs von Juul angedeutete, zunehmende Interesse an der Auseinandersetzung mit dem Anerkennungsbegriff betont, welches sich sogar als eine Karriere seinerseits bezeichnen lässt und seit Ende des 20. Jahrhunderts in den verschiedenen sozial- und kulturwissenschaftlichen Disziplinen zu beobachten ist – so auch in der Erziehungswissenschaft. Dem pädagogischen Anerkennungsdiskurs wird sich schließlich in Kapitel 2.3 intensiver zugewandt. Hierbei wird das zentrale Anliegen verfolgt, dem erziehungswissenschaftlichen Gehalt von Anerkennung auf den Grund zu gehen. Dabei wird auch deutlich werden, dass die Anerkennungsthematik im Rahmen der Erziehungswissenschaft, trotz des steigenden Interesses, noch keine solch große Aufmerksamkeit genießt, wie ihr meines Erachtens entgegengebracht werden sollte. Folglich stellt jener Abschnitt der vorliegenden Arbeit eine kritische Auseinandersetzung mit dem pädagogischen Gehalt des Anerkennungskonstrukts und -diskurses dar.

Im Anschluß daran, kann sich in einem dritten Kapitel dem *Bedürfnis des Kindes nach Anerkennung* gewidmet werden. Diese Stelle erscheint mir geeignet, um einführend zu festzulegen, wie die Begriffe des Kindes und des Jugendlichen im Kontext dieser Arbeit definiert werden, bzw. welche Altersspannen darunter zu verstehen sind. Es wird sich dabei auf die entwicklungspsychologische Einteilung der Lebensphasen Kindes- und Jugendalter bezogen, da mir diese, vor dem Hintergrund der leitenden These, am sinnvollsten erscheint. Einführend in die Bedürfnisthematik soll sich schließlich der Tatsache gewidmet werden, dass das Kind ein grundlegendes Verlangen nach Anerkennung besitzt, und es für die Pädagogik von großer Bedeutung ist, sich dessen bewusst zu werden, insbesondere deshalb, weil der bedürfnisorientierten Erziehung ein hoher Stellenwert für die positive Persönlichkeitsentwicklung des Kindes beigemessen wird. Nach einer begrifflichen Klärung, was unter dem Wort Bedürfnis in einem wissenschaftlichen Sinne zu verstehen ist, werden anschließend wichtige Überlegungen des Bedürfnisforschers Abraham Harold Maslow wie auch jene, die einer aktuellen und in meinen Augen für die Erziehungswissenschaft bedeutsame Studie zur Bedürfnisthematik zu entnehmen sind, als theoretische Grundlage herangezogen. Auch in diesem Kapitel wird sich einem Thema gewidmet, das im pädagogischen Diskurs bislang als unterrepräsentiert gilt – und das Wissen um die kindlichen Bedürfnisse einen erheblichen Einfluss auf die kindliche Entwicklung hat.

Der vierte Abschnitt der Arbeit beschäftigt sich nachfolgend mit der sozialphilosophischen Anerkennungstheorie von Axel Honneth, weil sie die wechselseitige Anerkennung im menschlichen Miteinander sowie die Identitätsbildung des Menschen in einen Zusammenhang bringt. Zudem stellt sie im pädagogischen Diskurs um Anerkennung mittlerweile eine wichtige Bezugsgröße dar. In Kapitel 4.1 wird die anerkennungstheoretische Konzeption zunächst einführend in ihren wesentlichen Grundzügen und Bezugspunkten vorgestellt. In einem weiteren Schritt kann dann auf die von Honneth festgelegten Formen intersubjektiver Anerkennung eingegangen werden. Insgesamt unterscheidet er drei Anerkennungsformen: die Liebe, das Recht und die Solidarität oder soziale Wertschätzung.

Um sich der zentralen These der Arbeit schlussendlich widmen zu können, ist es in einem letzten Kapitel unabdingbar, zunächst zu klären, wie die Begrifflichkeiten Aggression und aggressives Verhalten wissenschaftlich zu begreifen sind. In einem letzten Abschnitt werden sodann zwei Erklärungsversuche für aggressives Verhalten bei Kindern und Jugendlichen angeführt, die das abweichende Verhalten als Folge einer mangelnden Anerkennung im Kindesalter auffassen. Ersterer greift nochmals die Bedürfnisthematik aus Kapitel drei auf und erklärt aggressives Verhalten durch das unzureichend befriedigte Bedürfnis des Kindes nach Anerkennung. Letzterer hingegen impliziert einen Rückbezug zu dem von Honneth postulierten Zusammenhang zwischen Identitätsbildung und intersubjektiver Anerkennung. Dieser Erklärungsansatz begründet das abweichende Verhalten in der Kindheits- und Jugendphase durch eine mangelnde Anerkennung im Kindesalter, die eine gestörte Selbstbeziehung verursachen kann und somit als Ursprung für die Ausbildung von aggressivem Verhalten angesehen wird.

2 Zur Entstehung und Semantik des Anerkennungsbegriffs im wissenschaftlichen Diskurs

2.1 Eine Einführung in die wissenschaftliche Begriffs- und Bedeutungsgeschichte und die philosophische Bedeutung von Anerkennung

In diesem Kapitel soll vor einem historischen Hintergrund geklärt werden, wie der Begriff Anerkennung in einem wissenschaftlichen Sinne zu verstehen ist.

Seine ursprüngliche Verwendung lässt sich begriffs- und bedeutungsgeschichtlich gesehen im 16. Jahrhundert verzeichnen, wobei Anerkennung zu dieser Zeit einen *(wert-) neutralen* Charakter aufweist (vgl. Balzer / Ricken 2010, S. 43), und „(…) sowohl eine Form der Bekräftigung (im Kontrast zur Leugnung) als auch der spezifischen Erkenntnis *als etwas* bzw. die Form des ‚Gutheißens' von etwas darstellt (…)" (ebd.).

Vom 18. Jahrhundert an, wird Anerkennung in seiner Begrifflichkeit schließlich zunehmend im Rahmen der Philosophie thematisiert, und bekommt erstmals jene *positive und moralisch-ethische Konnotation* zugeschrieben, die bis in die Gegenwart hinein mit dem Begriff verbunden ist (vgl. ebd.; Balzer 2014, S. 36 f.). So lässt sich eine Auseinandersetzung mit dem Begriff u.a. bei Jean-Jacques Rousseau finden, der bereits im 18. Jahrhundert das *Bedürfnis nach Anerkennung* als elementare Komponente der menschlichen Natur erkennt und hervorhebt. Daran anschließend beschäftigt sich auch der deutsche Philosoph Georg Wilhelm Friedrich Hegel eingehend mit der Bedeutung des begrifflichen Konstrukts. Seine Auffassung von Anerkennung ist in begriffshistorischer Hinsicht von großer Wichtigkeit, da sie bis heute den Diskurs um Anerkennung nachhaltig prägt. Dies wird auch im Laufe dieser Arbeit noch ersichtlich werden, denn auch bei Axel Honneth ist der Bezug zur Hegelschen Denkweise vorzufinden. Hegel sieht Anerkennung als ein paradoxes, aber konstitutives Ereignis an, das aufgrund seiner kontradiktorischen Gestalt in einen *Kampf des Anerkennens* übergeht (vgl. Balzer / Ricken 2010, S. 43 ff.). Er problematisiert damit das Anerkennungsverhältnis, welches sich dadurch kennzeichnet, „(…) in der eigenen Unabhängigkeit von anderen abhängig zu sein, wechselseitig für die eigene Autonomie eine gewisse Heteronomie eingehen zu müssen (…)" (ebd., S. 44 f.). Weil diese wechselseitige Dependenz eine moralische Spannung im gesellschaftlichen Miteinander herbeiführt, resultiert daraus schließlich der besagte moralische Kampf um die Erlangung von Anerkennung der eigenen Identität (vgl. Honneth 1992, S. 11). Als weitere bedeutsame Philosophen, die sich ebenfalls mit dem Anerkennungsbegriff auseinandergesetzt haben, sind Johann Gottlieb Fichte und Immanuel Kant[1] zu nennen (vgl. Balzer 2014, S. 37; 40).

Insgesamt kann hinsichtlich der philosophischen Bedeutung des Begriffes festgehalten werden, dass „(…) „Anerkennen" mit der Tatsache verbunden [wird], daß eine Person sich einer Norm unterwirft. Der Begriff steht in engem Zusammenhang mit „Bejahung" " (Borst 2003, S. 107) und einem Werturteil (vgl. ebd.).

2.2 Die „Karriere" des Anerkennungsbegriffs seit Ende des 20. Jahrhunderts und seine Bedeutungsfacetten im wissenschaftlichen Diskurs

Gegenwärtig wird dem Begriff der Anerkennung jedoch nicht nur in der Philosophie eine große Bedeutung beigemessen. Vielmehr wird er mittlerweile u.a. auch in den Politikwissenschaften, der Psychologie – hierbei sind insbesondere die Entwicklungspsychologie und die psychoanalytische Forschung als wichtige Teilbereiche zu nennen – und in der Erziehungswissenschaft zunehmend thematisiert und diskutiert (vgl. Borst 2003, S. 99 ff.). Ebenso gewinnt er im soziologischen Diskurs zunehmend an Bedeutung (vgl. Balzer 2014, S. 41).

Das verstärkte Interesse an einer wissenschaftlichen Auseinandersetzung mit dem Anerkennungsbegriff, begründet sich disziplinübergreifend darin, Anerkennung als eine *ethisch-moralische Kategorie* zu diskutieren (vgl. Borst 2003, S. 98). Das Aufkommen jenes Bedeutungszuwachses sowie die daraus resultierende intensivere Beschäftigung mit dem Begriff der Anerkennung im Rahmen der Sozial- und Kulturwissenschaften lässt sich Ende des 20. Jahrhunderts verorten (vgl. Balzer 2014, S. 35):

> „ (…) ‚Anerkennung' [hat] – wie kaum ein anderer Begriff – seit Beginn der 1990er Jahre eine zusehends alle kultur- und sozialwissenschaftlichen Disziplinen um- und übergreifende thematische wie kategoriale Bedeutung [bekommen]" (ebd.).

Die verstärkte wissenschaftliche Aufmerksamkeit hat sogar dazu geführt, dass der Begriff seit einigen Jahren eine *erstaunliche Karriere* bzw. *rasante Konjunktur* in den Kultur- und Sozialwissenschaften erfährt (vgl. ebd., S. 5; Balzer / Ricken 2010, S. 45).

---

[1] Kant gilt als Vorbereiter einer Philosophie der Anerkennung. Der Begriff Anerkennung findet in seinen Werken zwar Verwendung, jener der Achtung ist im Rahmen dessen jedoch verstärkt vorzufinden (vgl. Balzer 2014, S. 40).

Je nach Wissenschaftsgebiet unterscheiden sich jedoch die Definitionen, Interpretationen und Verwendungsweisen des Anerkennungsbegriffs, und auch innerhalb eines Fachgebietes existieren je nach *ethischer* und *erkenntnispolitischer* Haltung, heterogene Auffassungen davon, wie das begriffliche Konstrukt zu verstehen ist (vgl. Borst 2003, S. 101). Dementsprechend kommen dem Begriff insgesamt *verschiedene Bedeutungsfacetten* zu. Das gilt im Übrigen auch für das alltagsweltliche Verständnis von Anerkennung (vgl. Balzer / Ricken 2010, S. 38 f.). Allerdings kann man disziplinübergreifend, also unabhängig von den verschiedenen Wissenschaftsdisziplinen, die im wissenschaftlichen Diskurs universell geltende Auffassung bzgl. der Semantik festhalten, dass Anerkennung im Leben eines Menschen aus zwei Gründen unabdingbar ist: Zum einen, weil Nichtanerkennung Leid erzeugt; zum anderen, da Anerkennung ein fundamentales Element für die Bildung und Findung der eigenen Identität und somit für die Subjektwerdung eines jeden Individuums darstellt (vgl. ebd., S. 42). Darüber hinaus herrscht über einen weiteren semantischen Aspekt in den verschiedenen Wissenschaften Konsens:

> „Trotz aller Widersprüchlichkeit einzelner Auslegungen und trotz heterogener Problemkontexte findet sich die alltagsweltlich dominante Bedeutung von Anerkennung als *Bestätigung* und *Stiftung* einerseits und *moralisch-ethischer Appell der Wertschätzung und des Respekts* andererseits auch im gegenwärtigen wissenschaftlichen Anerkennungsdiskurs wieder (…)" (ebd.).

Insgesamt ist der Anerkennungsbegriff gegenwärtig immer noch mit einer *positiven Konnotation* behaftet, wohl vor allem deshalb, weil er nahezu ausschließlich mit einem positiven Werturteil assoziiert wird (vgl. ebd.).

2.3 Der Anerkennungsbegriff und -diskurs in der Erziehungswissenschaft – eine kritische Auseinandersetzung

Das bereits in Kapitel 2.1 erwähnte, zunehmende und disziplinär übergreifende Interesse am Anerkennungsbegriff in den Kultur- und Sozialwissenschaften, welches zu Beginn der 1990er Jahre aufgekommen ist, lässt sich mittlerweile auch „weitgehend flächendeckend" (Balzer 2014, S. 5) für den erziehungswissenschaftlichen Diskurs verzeichnen (vgl. ebd.). Welche Bedeutung kommt ihm jedoch innerhalb der erziehungswissenschaftlichen Disziplin zu? Oder anders formuliert: Wie lässt sich dieser im Rahmen der Pädagogik definieren? Und schließlich stellt sich auch die Frage, wie sich dieser pädagogische Diskurs ca. 20 Jahre nach Verbreitung des erziehungswissenschaftlichen Interesses am Anerkennungsbegriff gestaltet. Diesen wichtigen Fragen sollen sich im Folgenden angenommen werden.

Ein wesentlich problematischer Aspekt bei der erziehungswissenschaftlichen Bedeutungssuche des Anerkennungskonstrukts ist jener der Rarität vorzufindender Definitionen in pädagogischen Nachschlagewerken. Wenn der Begriff in Lexika erfasst wird, dann aber überwiegend im Zusammenhang mit den Begrifflichkeiten Lob und Tadel, welche als Erziehungsmaßnahmen zu verstehen sind. Laut Eva Borst, die sich im Rahmen ihrer Studie *Anerkennung der Anderen und das Problem des Unterschieds. Perspektiven einer kritischen Theorie der Bildung* aus dem Jahr 2003 ausführlich mit der Semantik des Anerkennungsbegriffs im Rahmen der Pädagogik befasst, liefert das *Lexikon der Pädagogik in 3 Bänden*, das 1950 von Heinrich Kleinert, Helene Stucki und Robert Dottrens herausgegeben wurde, die umfassendste Definition. Sie stammt aus der geisteswissenschaftlichen Pädagogik und auch in dieser wird – wie in der Philosophie – der Begriff *Bejahung* als Synonym für den der Anerkennung verwendet, jedoch hier unter Bezugnahme zum Erzieher-Zögling-Verhältnis. Bejahung wird dabei ausdrücklich nicht an das persönliche Erbringen von Leistungen, Erfolgen oder Einzelerfahrungen rückgebunden, begründet sich stattdessen allein durch das Sein eines Individuums (vgl. Borst 2003, S. 107 f.). Im Fokus stehen dabei das Kind mit seinen je individuellen entwicklungsbedingten Möglichkeiten und die Tatsache, dass zwischenmenschliche Anerkennung eine große Bedeutung für die Ausbildung der eigenen Persönlichkeit einnimmt (vgl. ebd.):

> „(…) Anerkennung [wird] nicht nur im Sinne instrumenteller Disziplinierung verstanden, sondern als zentraler Aspekt für die Persönlichkeitsentwicklung ausdifferenziert. Vor allem dem Respekt vor der Individualität und der Ehrfurcht vor der Menschlichkeit wird ein hoher Wert beigemessen" (ebd., S. 107).

In einer etwas transformierten Form, lässt sich dieses Begriffsverständnis auch im 1970 erschienenen *Pädagogischen Lexikon in zwei Bänden* von Walter Horney, Johann Peter Ruppert und Walter Schultze wiederfinden. Beide dieser älteren Definitionen implizieren den Hinweis, dass die Anerkennungsform Liebe eine bedeutsame Rolle für die Entwicklung des Selbstwertgefühls und Selbstvertrauens beim Menschen einnimmt. Dieser Aspekt wird im Rahmen der Auseinandersetzung mit der Anerkennungstheorie Axel Honneths noch ausführlicher behandelt.

Borst weist des Weiteren darauf hin, dass der Begriff Anerkennung in erziehungswissenschaftlichen Nachschlagewerken neuerer Zeit gar nicht mehr aufgeführt wird, spricht aber auch von einer angehenden Wiederaufnahme sowie von einem sich abzeichnenden *begrifflichen Bedeutungswandel*. War Anerkennung früher noch in erzieherische, durch Autorität gekennzeichnete Maßnahmen eingebettet, wird sie heute als ein für die Identitätsfindung fundamentaler wechselseitiger Interaktionsprozess verstanden, der keineswegs autoritäre Strukturen aufweisen soll. Was allerdings unverändert bestehen bleibt, ist der *normative Charakter* des Anerkennungsbegriffs (vgl. Borst 2003, S. 107 f.):

> „Anerkennung orientiert sich nun nicht mehr an von außen gesetzten Normen, sondern wird als reziproker Interaktionsprozeß beschrieben, der für die Indentitätsfindung von großer Relevanz ist. Zwar bleibt der Begriff auch weiterhin normativ, weil er im Zusammenhang eines intersubjektiven Konsenses gedacht wird. Er wird jetzt aber nicht mehr im Kontext erzieherischer Maßnahmen mit deutlich autoritären Zügen situiert. Ganz im Gegenteil soll im neuen Deutungshorizont von Anerkennung Autorität explizit ausgeschlossen bleiben" (ebd., S. 108).

Demnach ist die gegenwärtig vorherrschende erziehungswissenschaftliche Bedeutung des Anerkennungskonstrukts als ein Geflecht von intersubjektiver Zuwendung, Aufmerksamkeit, Bindungsfähigkeit und Selbstbestimmung zu begreifen, welches als Prämisse für die Erlangung von Autonomie angesehen wird (vgl. ebd.).

Auch Nicole Balzer, die sich elf Jahre später intensiv mit der erziehungswissenschaftlichen Bedeutung des Anerkennungsbegriffs befasst, weist ebenfalls wie Borst auf das Problem des Auffindens einer begrifflichen Definition in der Pädagogik hin, und führt keine explizit neue Begriffsklärung an. In ihrem Werk *Spuren der Anerkennung. Studien zu einer sozial- und erziehungswissenschaftlichen Kategorie* verweist sie zwar darauf, dass sich die Auseinandersetzungen mit dem begrifflichen Konstrukt seither allmählich gemehrt haben und sich nunmehr auch weitere Teilgebiete der Pädagogik damit befassen (vgl. Balzer 2014, S. 4 f.), jedoch problematisiert auch sie die überwiegend bestehende, *unzureichend begriffliche Entfaltung* (vgl. ebd., S. 22) und hält anmerkend fest, „(…) dass ‚Anerkennung' im erziehungswissenschaftlichen Diskurs bisweilen auch zum bloßen ‚Schlagwort' [wird], so dass ‚wenn [sic!] Anerkennung draufsteht, bisweilen gar nicht so viel von ihr drinsteckt" (ebd., S. 5).

Zudem unterstreicht sie in den Ausführungen ihrer Studie, dass sich seit Anfang der 1990er Jahre *zwei Arten der Verwendung und Thematisierung* des Anerkennungsbegriffs innerhalb der Erziehungswissenschaft etabliert haben. Ebenso wie in den Gesellschaftswissenschaften, kann die Pädagogik Anerkennung *einerseits* im Hinblick auf die Thematiken *Differenz und Gerechtigkeit* betrachten und sie diesbezüglich problematisieren, *andererseits* kann sie aber auch, anlehnend an die sozialphilosophische Tradition und damit insbesondere bezugnehmend auf die Anerkennungstheorie von Honneth, Anerkennung als *moralisch-ethisches Prinzip und ethische Kategorie* auffassen (vgl. Balzer 2014, S. 6 f.). Letztere, die sozialphilosophische Thematisierungs- und Verwendungsweise, ist jene, auf welcher der Fokus dieser Arbeit liegt.

Widmet man sich nun, im Anschluss an die Annäherung der pädagogischen Bedeutung von Anerkennung, der Entwicklung des erziehungswissenschaftlichen Anerkennungsdiskurses, so ist ein ähnliches Problem zu verzeichnen. Bis in die Gegenwart hinein, findet man in der pädagogischen Literatur kaum explizite Auseinandersetzungen mit anerkennungstheoretischen Aspekten der zentralen pädagogischen Momente Bildung, Erziehung und Sozialisation (vgl. ebd., S. 5) – und das obwohl „(...) pädagogisches Handeln grundsätzlich mit Fragen und Problemen der Anerkennung verbunden ist (...)" (Balzer / Ricken 2010, S. 35). Gegenwärtig lassen sich insgesamt auch nur wenige theoretische und empirische Arbeiten über das Verhältnis von Anerkennung und Pädagogik finden (vgl. Balzer 2014, S. 5). So weist Borst darauf hin, dass der Anerkennungsbegriff zwar seit Mitte der 90er Jahre Einzug in die erziehungswissenschaftliche Diskussion hält, eine präzise theoretische Auseinandersetzung mit ihm jedoch bislang nur ansatzweise vorzufinden ist. Als Grund hierfür, betont sie die Selbstverständlichkeit von Anerkennung im Kontext pädagogischen Handelns (vgl. Borst 2003, S. 101).

An dieser Stelle ist ergänzend darauf hinzuweisen, dass das Anerkennungskonstrukt in der wissenschaftlichen Literatur des Öfteren mit dem der *Wertschätzung* eng verknüpft vorzufinden ist. An der einen oder anderen Stelle werden die beiden Begrifflichkeiten – so scheint es einem – sogar als Synonyme gebraucht. So wird der Begriff Wertschätzung beispielsweise im *Wörterbuch Soziale Arbeit* von Dieter Kreft und Ingrid Mielenz aus dem Jahr 2013 angeführt, innerhalb der Begriffserläuterung wird jedoch überwiegend auf den Terminus Anerkennung Bezug genommen, wie er innerhalb der Sozialwissenschaften vorherrschend ist: „Sozialwissenschaftlich enger gefasst verweist W. [Wertschätzung] auf die begrifflichen Konnotationen soziales Prestige und soziale Anerkennung (*recognition*)" (Küster / Thole 2013, S. 1011). Nun lässt sich das Verhältnis zwischen Anerkennung und Wertschätzung so auffassen, dass Wertschätzung einen Ausdruck von Anerkennung darstellt, bzw. ein Handeln bezeichnet, das einem Subjekt Wertschätzung entgegenbringt und somit als Anerkennungshandeln bezeichnet werden kann (vgl. Balzer 2014, S. 22). Ein weiterer Begriff, der häufig mit dem der Anerkennung in Verbindung gebracht wird, ist jener der *Achtung*, welcher ursprünglich bei Kant zu finden ist. Dieser kann *einerseits* als ein *Unterbegriff von Anerkennung* auftauchen, *andererseits* aber ebenso als *synonym verwendeter Terminus* für Anerkennung aufgefasst werden (vgl. Balzer 2014, S. 40).

Abschließend bleibt zu erwähnen, dass sich in weiteren Ausführungen dieser Arbeit, den Dimensionen des Anerkennungsbegriffs noch detaillierter gewidmet werden, wenn auf die Anerkennungstheorie von Honneth eingegangen wird. Da sich diese Arbeit der Anerkennungsthematik in einem erziehungswissenschaftlichen Sinne widmet, und sich auf die Kindheit als Lebensphase bezieht, soll im folgenden Kapitel auf die Bedeutung von Anerkennung im Kindesalter eingegangen werden. Im Rahmen dessen soll hervorgehoben werden, dass das Kind ein Bedürfnis nach Anerkennung besitzt und es von großer Bedeutung für die kindliche Entwicklung ist, sich diesem anzunehmen.

3 Das Bedürfnis des Kindes nach Anerkennung

Bevor auf das Anerkennungsbedürfnis des Kindes eingegangen werden kann, soll an dieser Stelle festgelegt werden, wie die Begrifflichkeiten Kind und Jugendliche(r) im Rahmen dieser Arbeit zu begreifen sind.

Wenn in diesem und in den darauffolgenden Kapiteln vom Kind oder Kindesalter und vom bzw. von der Jugendlichen oder dem Jugendalter die Rede ist, wird sich auf die derzeit vorherrschende *entwicklungspsychologische Einteilung* der Lebensphasen *Kindes- und Jugendalter* bezogen. Diese richtet sich an charakteristischen psychischen und physischen Veränderungen innerhalb der Entwicklung eines Menschen aus. Des Weiteren werden mit dieser Einteilung weitere einzelne Entwicklungsstufen der beiden Phasen unterschieden, worauf in dieser Arbeit jedoch nicht genauer eingegangen wird.

Der Begriff *Kindesalter* umfasst demnach bereits die vorgeburtliche Entwicklung eines Individuums im Mutterleib, das Säuglingsalter, die Phase des Klein- und Vorschulkindes im Alter von zwei bis fünf Jahren sowie die Kindheit, in der sich Individuen in der Altersspanne von sechs bis zwölf Jahren befinden. Das *Jugendalter* tritt schließlich ein, wenn ein Mensch zwölf Jahre alt wird (vgl. Joswig 2013) und knüpft direkt als „(…) eine Übergangsperiode (…), die zwischen Kindheit und Erwachsenenalter liegt" (Oerter / Dreher 1998, S. 310) an die Lebensphase des Kindesalters an. Das Jugendalter endet sodann mit der Vollendung des neunzehnten Lebensjahres und somit im Alter von achtzehn Jahren (vgl. Joswig 2013).

Dass Kinder nach Anerkennung streben, und dieses Bedürfnis erfüllt sein will, klingt nahezu trivial. Ein Beispiel aus dem familiären Alltag soll dies verdeutlichen:

> „[Ein] vierjähriges Kind bringt ein Bild aus dem Kindergarten mit, das es dort gemalt hat. "Guck, das hab ich gemalt" verkündet es stolz, überreicht [den Eltern] das Kunstwerk und schaut [sie] erwartungsvoll an. "Danke" sagen [sie], schneiden ein Stückchen Tesaband ab und hängen es neben die anderen Bilder an die Küchentür. Weil dort fast kein Platz mehr ist, schlagen [sie] vor, ein altes wieder zu entfernen und in die Mappe mit den Bildern [ihres] Kindes zu legen" (Rumpf 2009, S. 18).

Diese Geste der Eltern, spiegelt die Anerkennung der kindlichen Bemühungen wider. Sie vermittelt dem Kind, dass sein Bild als Geschenk an die Eltern wertvoll ist (vgl. ebd.). Nach einer solchen Anerkennung strebt das Kind beim Überreichen des voller Stolz gezeichneten Kunstwerks.

In der erziehungswissenschaftlichen Literatur wie auch im Alltag pädagogischen Handelns, wird das kindliche Bedürfnis nach Anerkennung bisher jedoch nur unzureichend thematisiert, da eine genaue Erforschung der Bedürfnisse von Kindern bis in die Gegenwart hinein kaum stattfindet. Eine Auseinandersetzung mit und das Wissen um die Bedeutung einer *bedürfnisorientierten Erziehung* ist zwar – bspw. in Leitkonzepten für Bildungsinstitutionen[2] – vorhanden, jedoch mangelt es an einer entsprechenden Umsetzung dessen, weil ein Unwissen darüber herrscht, an welchen Bedürfnissen sich in der pädagogischen Praxis orientiert werden soll (vgl. Figura 2011, S. 2 f.). Dies kann auch als „eine Kluft zwischen Intention und Realität bedürfnisorientierter Arbeit" (ebd., S. 1) bezeichnet werden und bedeutet für die pädagogische Praxis mit anderen Worten formuliert:

> „Trotz der Gewissheit, dass eine Erziehungsarbeit ohne die Befriedigung von Bedürfnissen wenig erfolgreich sein kann, findet eine Umsetzung einer bedürfnisorientierten Erziehungsarbeit aufgrund mangelnder Kenntnis über kindliche Bedürfnisse derzeit kaum statt" (ebd., S. 3).

Dabei ist eine an den Bedürfnissen ausgerichtete Erziehung unabdingbar für eine gesunde Entwicklung des Kindes, da die Berücksichtigung von Bedürfnissen beim Kind die Motivation hervorruft, den eigenen Handlungsrahmen auszuweiten und die individuellen Fähigkeiten entwicklungsgemäß weiter auszubilden (vgl. ebd., S. 1). Darüber hinaus stellt die Erfüllung der wesentlichen kindlichen Bedürfnisse, die vorrangig fundamentale Prämisse für eine positive Entwicklung der Persönlichkeit dar (vgl. Werner 2006).

Was bedeutet der *Begriff Bedürfnis* jedoch in einem wissenschaftlichen Sinne? Ein Bedürfnis basiert zunächst einmal grundlegend auf einem *defizitären Zustand* und stellt ein für das menschliche Leben *existenzielles Verlangen* dar (vgl. Figura 2011, S. 9). Exakter formuliert „(...) manifestiert [es] sich als eine vorbewusste Anforderung für einen lebensnotwendigen Bedarf entsprechend ausgleichenden Handelns" (ebd.). Zudem kennzeichnen sich menschliche Bedürfnisse dadurch, dass sie *von Geburt an* bei jedem

---

[2] Als Beispiel hierfür, ist die Auseinandersetzung mit der Bedeutung einer bedürfnisorientierten Erziehung von Seiten des Ministeriums für Bildung, Wissenschaft und Weiterbildung des Landes Rheinland-Pfalz zu nennen. In einem Empfehlungsbeitrag, der mit dem Titel *Bedürfnisorientierte Erziehung* versehen ist, liefert das Ministerium bspw. Fragen bzgl. dieser Thematik, denen es sich gerade im Bereich der Bildung und Erziehung zu stellen gilt. Des Weiteren wird eine Kategorisierung von Bedürfnissen bei Kindern und Jugendlichen angeführt. Darunter ist auch das Bedürfnis nach Anerkennung in der Kategorie „soziale und emotionale Bedürfnisse" zu finden (vgl. Ministerium für Bildung, Wissenschaft und Weiterbildung Rheinland-Pfalz 1995, S. 5). Ferner greift es auch den Stellenwert von und den Umgang mit den Bedürfnissen im Rahmen des Erziehungsprozesses auf (vgl. ebd., S. 5 f.; 11-14).

Individuum bestehen, und einen *universalen Charakter* aufweisen. Sie *verfestigen sich jedoch erst nach und nach im Laufe der* Entwicklung, was wohl auch bedeuten mag, dass sie je nach Lebensphase unterschiedlich ausgeprägt und vorherrschend sind. Die Berücksichtigung und *Befriedigung* eines Bedürfnisses führt indes zu einem *positiven* körperlichen, seelischen und geistigen *Befinden*, während dessen *Nicht-Erfüllung* in verschiedenartige *Zustände des Unwohlseins* mündet (vgl. Figura 2011, S. 9).

Nach einer ausgiebigen, wissenschaftlich-interdisziplinären Literaturrecherche zur Bedürfnisthematik, die Ursula Figura im Jahr 2011 in ihrer Studie *Bedürfnisse von Kleinkindern unter drei Jahren erkennen und deuten. Entwicklung und Erprobung eines Instruments für die pädagogische Praxis* liefert, lassen sich – teilweise in expliziter, zum Teil aber auch in impliziter Form – Hinweise auf ein Bedürfnis des Kindes nach Anerkennung finden. Die Autorin hat mit dieser Forschungsarbeit einen wichtigen Beitrag zur erziehungswissenschaftlichen Auseinandersetzung mit den kindlichen Bedürfnissen geleistet, weil durch ihre Studie „(…) erstmals ein konsistentes Modell zur Beschreibung menschlicher Bedürfnisse speziell für das Kleinkindalter zur Verfügung [steht]" (ebd., S. 5). „Als Kleinkinder werden in [ihrer] Arbeit Kinder ab ihrer Geburt bis zu einem Alter von drei Jahren bezeichnet" (ebd., S. 7).

Auch in der vorliegenden Arbeit stellen die Ausführungen von Figura eine wichtige Bezugsgröße dar, weil sich einige ihrer wichtigen Überlegungen nicht nur auf das Kleinkindalter beschränken. Vielmehr werden ihrerseits zentrale Gedanken zur Bedürfnisthematik auf das Kleinkindalter übertragen. Hierfür erstellt die Diplom-Pädagogin zunächst einen ersten Entwurf in Form einer vergleichenden Gegenüberstellung von Texten, um anschließend eine Einteilung der Bedürfnisse von Kleinkindern anzuführen. Diese unterscheidet zwischen den *biologischen, beziehungs-psychologischen* und *individual-psychologischen* Bedürfnissen. Jene Bedürfniskategorisierung erschließt sie aus theoretischen Bedürfnismodellen und Forschungsarbeiten (vgl. ebd., S. 4), welche insbesondere der Psychologie, der Pädagogik und im kleineren Rahmen auch der Soziologie zu entnehmen sind (vgl. ebd., S. 17-35). Daran anschließend, verfolgt sie die Intention, eine *spezifische Klassifikation der Bedürfnisse von Kleinkindern* auszuarbeiten, da eine solche im wissenschaftlichen Diskurs bislang nicht vorzufinden ist. Dazu untermauert sie ihren ersten Entwurf mit gegenwärtig bestehenden entwicklungspsychologischen und neurobiologischen Erkenntnissen, wie auch mit einigen aus der Bindungsforschung[3]. Ihre Ausführungen hinsichtlich eines Bedürfnisses des Kleinkindes nach Anerkennung werden im späteren Verlauf dieses Kapitels noch genauer aufgegriffen.

Zunächst soll jedoch auf die Überlegungen des Psychologen und Motivationsforschers Abraham Harold Maslow eingegangen werden, die den wissenschaftlichen Diskurs um die menschlichen Bedürfnisse bis in die Gegenwart hinein nachhaltig prägen (vgl. Figura 2011, S. 11). Sie sind seiner Bedürfnistheorie[4], welche 1978 erstmals in seinem Werk *Motivation und Persönlichkeit* erschienen ist, zu entnehmen. Auch er hat das *Bedürfnis nach Wertschätzung* als eine Bedürfniskategorie in seine Theorie der menschlichen Bedürfnisse integriert und diesbezüglich folgendes festgehalten (vgl. ebd., S. 16): „Alle Menschen in unserer Gesellschaft (...) haben das Bedürfnis oder den Wunsch nach einer festen, gewöhnlich recht hohen Wertschätzung ihrer Person, nach Selbstachtung und der Achtung seitens anderer" (Maslow 1996, S. 72). Das Bedürfnis des Menschen, Wertschätzung zu erfahren – oder wie es in der 1996 erschienenen deutschen Ausgabe als die *Bedürfnisse nach Achtung* bezeichnet wird – schließt für Maslow *zweierlei Formen* ein: Zum einen umfasst es das Verlangen nach Stärke, Leistung und Bewältigung. Es umschreibt also jenes Bedürfnis, als kompetent erachtet zu werden sowie das Bedürfnis nach Vertrauen, eigener Unabhängigkeit und Freiheit. Zum anderen – und diese Form des Bedürfnisses nach Achtung ist im Kontext dieser Arbeit von Bedeutung – impliziert es das *Bedürfnis nach Anerkennung*, Respekt anderer Leute vor der eigenen Person und u.a. auch nach Bedeutung und Würde bzw. Wertschätzung.[5] Werden die Bedürfnisse nach Achtung und somit auch das Bedürfnis nach Anerkennung befriedigt, so löst das im Individuum positive Gefühle, u.a. des Selbstvertrauens und der Stärke, aus. Eine Nicht-Erfüllung hingegen führt dementsprechend zur Empfindung negativer Gefühle der Minderwertigkeit, Schwäche und Hilflosigkeit, welche längerfristig gesehen negative Folgen mit sich bringen können (vgl. ebd., S. 72 f.), weil der Organismus in ein Ungleichgewicht gerät (vgl. Figura 2011, S. 16).

Die Beschreibung der menschlichen Bedürfnisse von Maslow, bezieht sich allerdings

---

[3] Auf das weitere Vorgehen von Figura im Rahmen ihrer Studie kann an dieser Stelle verzichtet werden, da es für diese Arbeit nicht weiter von Bedeutung ist.

[4] Der Grundgedanke des theoretischen Ansatzes von Maslow ist, dass ein menschliches Bedürfnis das Individuum zum Handeln motiviert. Demnach bedingen sich Motivation und Handeln wechselseitig, wodurch für Maslow eine Herausarbeitung der Beweggründe menschlichen Verhaltens möglich wird (vgl. Figura 2011, S. 11).

[5] Erstere Unterkategorie der Wertschätzungs- oder Achtungsbedürfnisse bei Maslow können zusammenfassend als solche Bedürfnisse gesehen werden, die sich das Individuum selbst erfüllen kann bzw. muss. Die Befriedigung letzterer Form von Bedürfnissen nach Wertschätzung scheint hingegen von den Mitmenschen eines Individuums abhängig zu sein.

nicht explizit auf das kindliche Bedürfnis nach Wertschätzung, Achtung und damit auch nicht auf jenes nach Anerkennung. Vielmehr richtet sich der Fokus des Motivationsforschers dabei hauptsächlich auf jene Bedürfnisse, die bei Erwachsenen vorzufinden sind. Damit geht er nicht ausführlich bzw. spezifisch auf die Bedürfnisse ein, die bereits im Kindesalter vorherrschend sind (vgl. Figura 2011, S. 36). Dennoch stellt seine Theorie sicherlich eine wichtige Grundlage für die pädagogische Auseinandersetzung mit den kindlichen Bedürfnissen und somit auch mit dem Bedürfnis des Kindes nach Anerkennung dar, bspw., um – wie es Figura in ihrer Arbeit hervorhebt – einführend eine Strukturierung der Verschiedenheit menschlicher Bedürfnisse zu erlangen (vgl. ebd., S. 12).

Widmet man sich weiterhin aus dem pädagogischen Blickwinkel heraus der Literaturrecherche zur Bedürfnisthematik von Figura, so fällt einem auf, dass sich – eben weil „[e]ine wissenschaftliche Auseinandersetzung mit den menschlichen Bedürfnissen in der Pädagogik (…) eher noch als Neuland zu bezeichnen [ist]" (ebd., S. 13) – nur wenige Ansätze finden lassen, welche die Bedürfnisse des Kindes darlegen und idealerweise das Bedürfnis des Kindes nach Anerkennung betonen. Wenn sich der Bedürfnisthematik im Rahmen der pädagogischen Literatur gewidmet wird, dann jedoch überwiegen spezifisch, mit Fokus auf eine bestimmte Phase im Kindes- oder auch Jugendalter[6] (vgl. ebd., S. 13 f.). Auch Figura beschränkt sich in ihrem ersten Entwurf der Einteilung von Bedürfnissen ausschließlich auf *Kleinkinder*. Dennoch sollen im Folgenden die von ihr angeführten, zentralen Überlegungen zu einem Bedürfnis des Kindes nach Anerkennung aufgezeigt werden. Dieses Vorgehen begründet sich zu einen dadurch, dass es sinnvoll ist, das kindliche Anerkennungsbedürfnis – auch angesichts der leitenden These dieser Arbeit – insbesondere im Kontext der *frühen* Kindheit zu betrachten, da in dieser Kindheitsphase das Auftreten oder die *Ursprünge von Verhaltensabweichungen* wurzeln, die aus nicht befriedigten Bedürfnissen resultieren (vgl. ebd., S. 41). Zum anderen wird darauf Bezug genommen, weil Figura auf die *Ausbildung* des Bedürfnisses nach Anerkennung, welche innerhalb der Kleinkindphase verortet wird. Damit kann die in der Arbeitsthese implizierte Überzeugung, dass die Erfahrung von Anerkennung oder Nicht-Anerkennung bereits im Kindesalter eine entscheidende Rolle einnimmt, begründet

---

[6] Als wissenschaftlich fundierte Literatur sind an dieser Stelle bspw. der theoretische Ansatz des Sozialpädagogen Wolfang Falke zu nennen. Dieser spricht sich für eine Jugendarbeit aus, die sich an den Bedürfnissen der Jugendlichen orientiert. Darüber hinaus ist in diesem Kontext die empirische Studie von Jutta Mägdefrau erwähnenswert, welche das Ziel verfolgt, eine bedürfnisorientierte Unterrichtskonzeption für Kinder und Jugendliche anzuführen. Beide Forschungsarbeiten beziehen sich somit eher auf die Bedürfnisse von älteren Kindern. Mit den Bedürfnissen von jüngeren Kindern hingegen, wird sich hauptsächlich in der sog. Ratgeberliteratur, die nicht wissenschaftlich fundiert ist, auseinandergesetzt (vgl. Figura 2011, S. 13 f.).

werden. Das Anerkennungsbedürfnis entwickelt sich dieser Auffassung zufolge, wenn ein Kind beginnt, sein eigenes Selbst wahrzunehmen (vgl. Figura 2011, S. 45). Genauer, und mit dem Verweis von Figura auf die Theorien zur Leistungsmotivation von Manfred Holodynski und Kollegen aus dem Jahr 1992 gesprochen, beginnen Kinder ungefähr *im Alter von 21 Monaten*, mittels ihres Handelns Wertschätzung von Seiten Anderer erlangen zu wollen. Zu diesem Zeitpunkt erkennen Kleinkinder bereits, dass sie Wertschätzung oder auch das Gegenteil hiervon, bezeichnet als Missbilligung, durch ihr Handeln erzielen können (vgl. ebd., S. 55 f.): „In dieser Phase [der Entwicklung der kindlichen Selbsteinschätzung] beginnen sie auszuprobieren, was auf Wertschätzung stößt. Sie streben nach Anerkennung, wenn sie eine Herausforderung meistern und erwarten Missbilligung [sic!] wenn sie scheitern" (ebd., S. 56). Schon in dieser kindlichen Entwicklungsphase, kann emotionale Wertschätzung ein Gefühl von Stolz, und emotionale Missbilligung das Empfinden von Scham beim Kind auslösen (vgl. ebd.).

Die Erfüllung des kindlichen Verlangens nach Anerkennung ist laut Figura deshalb von großer Bedeutung, weil u.a. davon die *Ausbildung des Selbstwertgefühls* abhängt (vgl. ebd., S. 46): „Durch Anerkennung und Zustimmung von seinen Bezugspersonen und eine gemeinsame Freude über das Gelingen seiner Bemühungen entwickelt sich im Kleinkind das Selbstwertgefühl (...)" (ebd., S. 55). Wie sich diese Anerkennung, Zustimmung und geteilte Freude der Mitmenschen ausdrücken kann, wird anhand des Beispiels zu Beginn dieses Kapitels deutlich. Auf den eben erwähnten, zentralen Aspekt der Ausbildung von Selbstwertgefühl mittels Anerkennung, wird in Kapitel vier, im Rahmen der Anerkennungstheorie von Axel Honneth, noch genauer eingegangen.

Das Bedürfnis nach Anerkennung und Wertschätzung des Kleinkindes ist bei Figura in der Kategorie der *beziehungs-psychologischen* Bedürfnisse zu finden (vgl. ebd., S. 44 ff.). Als charakteristische Merkmale des Anerkennungs- und Wertschätzungsbedürfnisses nennt sie zum einen die vergleichsweise *recht hohe Plastizität*, was bedeutet, dass der Erfüllung dieses Bedürfnisses mehr zeitlicher Aufschub eingeräumt werden kann, als manch anderen. Des Weiteren betont sie aber auch den *unscheinbaren Charakter* dessen (vgl. ebd., S. 45 f.): „(...) das Bedürfnis nach Anerkennung und Wertschätzung [ist] fast unscheinbar und damit leicht übersehbar" (ebd., S. 46).

Abschließend bleibt zu betonen, dass es gerade deshalb wichtig ist, sich die kindlichen Bedürfnisse und in diesem Fall das Bedürfnis des Kindes nach Anerkennung als PädagogInnen und Eltern vor Augen zu führen, weil ein gewisses *Macht- und Abhängigkeitsverhältnis* zwischen Kindern und ihren Bezugspersonen besteht. Das bedeutet, dass

Kinder bei der Erfüllung ihrer Bedürfnisse verstärkt auf die ihnen nahestehenden Personen angewiesen sind. Dieses Verhältnis von Macht und Abhängigkeit ist in den frühen Kindheitsphasen besonders groß, und nimmt mit zunehmendem Alter schließlich wieder ab, weil das Kind sich allmählich aneignet, seine eigenen Bedürfnisse hinten anzustellen, und deren Befriedigung auf einen späteren Zeitpunkt zu verschieben. Zudem lernt es im Laufe der Zeit, seinen Bedürfnissen selbst nachzukommen. Es finden dann bspw. innerhalb der Familie Aushandlungsprozesse statt, um festzulegen, welche Bedürfnisse auf welche Art und Weise und von wem befriedigt werden (vgl. Werner 2006). Bezogen auf das Bedürfnis nach Anerkennung, lässt sich bezüglich des Macht- und Abhängigkeitsverhältnisses zwischen Kindern und Erwachsenen folgendes festhalten:

> „Je jünger Kinder sind, desto mehr sind sie davon abhängig, dass andere sie anerkennen. Wenn sie die Erfahrung machen, in frühen Lebensphasen verlässlich anerkannt zu werden, können sie sich gut entwickeln. Wenn aber Akzeptanz und Resonanz in der frühen Kindheit fehlen, kommt es zu Störungen, die sich gravierend auf Verhalten und Lernen der Kinder auswirken" (Heinzel / Prengel 2009, S. 2).

Dem hier erwähnten Zusammenhang zwischen der Entwicklung des Kindes und der Erfahrung von Anerkennung, wird sich in einem nächsten Kapitel gewidmet. Im Rahmen dessen, wird die anerkennungstheoretische Konzeption von Axel Honneth vorgestellt, deren Kernthese lautet, dass intersubjektive Anerkennung das Fundament für die Entwicklung einer positiven Selbstbeziehung bildet.

4 Die Anerkennungstheorie nach Axel Honneth – Intersubjektive Anerkennung als Grundlage für die Entwicklung einer positiven Selbstbeziehung

4.1 Eine Einführung in Honneths anerkennungstheoretische Konzeption

Der 1949 in Essen geborene, deutsche Sozialphilosoph Axel Honneth, lehrt gegenwärtig als Professor für Sozialphilosophie an der Goethe-Universität in Frankfurt und als Professor für Humanities an der Columbia University in New York. Er gilt als einer unter jenen, die innerhalb des deutschsprachigen Raums, den Begriff Anerkennung, *erstmals* umrissen haben (vgl. Borst 2003, S. 100). Sein wohl bedeutsamstes Werk diesbezüglich ist *Kampf um Anerkennung[7]. Zur moralischen Grammatik sozialer Konflikte*, das 1992 erstmalig erschienen ist. Dieses liefert bis heute „(...) die wohl differenzierteste und detaillierteste aktuelle Auseinandersetzung mit dem Anerkennungskonstrukt (...)" (Kaletta 2008, S. 21). Die darin angeführte *anerkennungstheoretische Konzeption*, wird in dieser Arbeit angesichts der pädagogischen Fragestellung deshalb zum theoretischen Bezugspunkt, da sie im Rahmen der erziehungswissenschaftlichen Debatte um Anerkennung einen bedeutsamen Stellenwert einnimmt, und diese ihr wesentlich beeinflusst wird (vgl. Balzer 2014, S. 44). Sein Anerkennungskonzept ist im Rahmen der Pädagogik deshalb von großer Bedeutung, weil es den Stellenwert pädagogisch gelungener Beziehungen in einer systematischen Art und Weise hervorbringt. Des Weiteren impliziert es die Intention, pädagogisches Handeln so zu gestalten, dass Beziehungen, die durch Anerkennung gekennzeichnet sind, ermöglicht werden. Damit einhergehend zeigt Honneths Konzeption auch die notwendigen Voraussetzungen für jene Zielerreichung auf (vgl. Schäfer / Thompson 2010, S. 18). Letztendlich könnte sich die Pädagogik dadurch „(...) als wissenschaftliche Disziplin darstellen, die für die Untersuchung gelungener Selbstbeziehungen durch Intersubjektivität und sogar für deren Konstitution selbst verantwortlich ist" (ebd.).
Der Erfolg Honneths kennzeichnet sich insbesondere dadurch, dass er es geschafft hat, den Anerkennungsbegriff zu einem *eigenständigen, zentralen Begriff der Ethik*, und damit zu einer Begrifflichkeit der Begründungstheorie von Moral, zu erheben. Zudem

---

[7] Der Titel *Kampf um Anerkennung* lässt sich auf den jungen Hegel mit seiner Idee eines moralischen Kampfes um Anerkennung zurückführen, die in dieser Arbeit bereits in Kapitel zwei erläutert wurde (vgl., S. 8 f.).

fungieren seine anerkennungstheoretischen Werke mittlerweile international und in den unterschiedlichsten Wissenschaftsbereichen als *Bezugspunkt des Diskurses um Anerkennung*. Auch in jüngeren Schriften ist es ihm immer noch ein Anliegen, an der Anerkennungsthematik festzuhalten, und diese wie auch die ihr zugrundeliegenden Diskurse immer wieder neu aufleben zu lassen, u.a. indem er seine Gedankenkonstrukte aus den 90er Jahren stets weiterführt (vgl. Balzer 2014, S. 49 f.).

Im Kontext der vorliegenden Arbeit, wird sich jedoch ausschließlich auf die o.g. *frühe* Studie mit dem Titel Kampf um Anerkennung bezogen. Sie stellt einen *gesellschaftstheoretischen Entwurf* mit einem ausgearbeiteten *intersubjektivitätstheoretischem Personenkonzept* dar (vgl. Sitzer / Wiezorek 2005, S. 117). Damit liefert der Sozialphilosoph eine ausdifferenzierte Darstellung des Anerkennungsbegriffs, und stellt ihn sowie die *wechselseitigen Anerkennungsprozesse* zum einen mit den gesellschaftlichen Gegebenheiten unter eine historische Perspektive, zum anderen aber auch mit dem Prozess der Identitätsbildung in Verbindung (vgl. Borst 2003, S.112): „Zentral für Honneth sind die zwei dialektisch vermittelten Bereiche der Individuierung und der Vergesellschaftung unter Berücksichtigung von intersubjektiven Anerkennungsprozessen" (ebd., S. 113). Der Fokus dieser Arbeit wird angesichts der leitenden erziehungswissenschaftlichen These, bei der das Individuum im Vordergrund steht, auf das intersubjektivitätstheoretische Personenkonzept und damit auf den *Zusammenhang von sozialer Anerkennung und Identitätsentwicklung*[8] gelegt. Weniger zentral erscheint es in diesem Kontext hingegen, die von ihm entwickelte „normativ gehaltvolle Gesellschaftstheorie" (Sitzer / Wiezorek 2005, S. 118) in ihren wesentlichen Grundzügen genauer aufzuzeigen. Sie stellt einen Versuch seitens Honneth dar, die gesellschaftlichen Wandlungsprozesse mit Bezugnahme auf die normativ vorherrschenden Ansprüche verständlich zu machen,

---

[8] Der Begriff *Identitätsentwicklung* kann in etwa synonym für den der menschlichen *Persönlichkeitsentwicklung* verwendet werden. Zudem findet des Öfteren eine Gleichsetzung der Begrifflichkeiten *Identität* und *Selbst* statt, wobei unter diesen ein Bezug zum Kern des Persönlichkeitssystems eines Menschen zu verstehen ist (vgl. Weighardt 1999, S. 17). Bei Honneth lassen sich hierzu die Begriffe *Selbstbeziehung* bzw. *Selbstverhältnis* finden, welche bzw. welches sich in drei Formen unterteilen lässt (vgl. Honneth 1992, S. 152). Darauf wird im Laufe dieses Kapitels noch intensiv eingegangen. Zusammenfassend und als Übereinkunft vieler verschiedener Definitionen von Identität, kann man sie als „(…) ein Bewußtsein über personale Einheitlichkeit (Wer bin ich?, Selbstwert, Normen) und Kontinuität in der Existenz der Person" (Weighardt 1999, S. 19) begreifen. Allerdings ist darunter kein Zustand zu verstehen, der zu einem bestimmten Lebenszeitpunkt des Menschen feststeht. Vielmehr bildet sich die Identität eines Individuums im Rahmen der Interaktion mit anderen Menschen aus, in welcher sie sich im Übrigen auch repräsentiert, und sich dadurch immer wieder weiter entwickeln und damit stets verändern kann. Sie wird infolge der Reaktion Anderer auf die eigene Identität vom Individuum selbst entweder angezweifelt, korrigiert oder – und dies bildet den Idealfall ab – akzeptiert (vgl. ebd., S. 19 f.).

welche ihre strukturelle Verankerung in der Beziehung wechselseitiger Anerkennung finden (vgl. Sitzer / Wiezorek 2005, S. 118).

Wichtige theoretische Bezugspunkte, denen sich Honneth in Kampf um Anerkennung kritisch widmet, bilden die sozialphilosophischen Jenaer Schriften des jungen G.W.F. Hegel mit der darin implizierten Idee eines umfassenden Kampfes um Anerkennung sowie die Sozialpsychologie von George Herbert Mead, welche dem Hegelschen Denkmodell eine „empirische Wendung" (Honneth 1992, S. 8) verleihen soll (vgl. ebd., S. 7f.; Borst 2003, S. 112 f.).

Hinsichtlich der *Subjekt- bzw. Identitätsbildung*, die bei Hegel, Mead und schließlich auch bei Honneth als ein zentrales Thema zu finden ist, besteht zwischen den drei Wissenschaftlern jener Konsens, dass sich das Selbstbewusstsein bzw. die Identität eines Individuums erst ausbilden kann, wenn es im Stande dazu ist, sein Gegenüber (vgl. Borst 2003, S. 112 f.), und aus Sicht dessen auch das eigene Handeln wahrzunehmen. Genauer, und im Sinne Meads, jedoch mit Honneths Worten formuliert, bedeutet dies für das einzelne Individuum folgendes: „(…) ein Bewußtsein seiner selbst kann ein Subjekt nur in dem Maße erwerben, wie es sein eigenes Handeln aus der symbolisch repräsentierten Perspektive einer zweiten Person wahrnehmen lernt"[9] (Honneth 1992, S. 120 f.). Diese andere Person stellt für ein Subjekt zudem die Voraussetzung dafür dar, überhaupt Anerkennung erlangen zu können. Daher kann sich ein Individuum erst als Subjekt konstituieren und sein *Selbst* ausbilden, wenn es sich in seinen Fähigkeiten und Eigenschaften durch den Anderen anerkannt fühlt (vgl. Borst 2003, S. 113). Honneth formuliert diesen Gedanken, unter Rückbezug auf Hegels Überlegungen, folgendermaßen aus:

> „(…) stets wird ein Subjekt in dem Maße, in dem es sich in bestimmten seiner Fähigkeiten und Eigenschaften durch ein anderes Subjekt anerkannt weiß und darin mit ihm versöhnt ist, zugleich auch Teile seiner unverwechselbaren Identität kennenlernen und somit dem anderen auch wieder als ein Besonderes entgegengesetzt sein" (Honneth 1992, S. 30 f.).

---

[9] Mead knüpft somit die Ausbildung der Identität bzw. des Selbstbewusstseins eines Menschen an die Bedingung eines sich vollziehenden Prozesses, durch den das Individuum lernt, die Perspektive anderer Personen auf eine jeweilige Situation und auf sich selbst zu übernehmen. Diese *Perspektivenübernahme* gewährleistet ihm schließlich, sich selbst als Objekt zu betrachten und somit eine Reflexion seiner Selbst zu betreiben. Das Einnehmen einer anderen Perspektive wird bereits im Kindesalter im Rahmen des Spielens erlernt, indem das Kind verschiedene Rollen während des Spiels einnimmt. Ein Beispiel hierfür ist das Spielen der Rolle des Vaters (vgl. Schäfer/ Thompson 2010, S. 13) beim Vater-Mutter-Kind-Spiel.

Dies deutet also auf ein gewisses *Abhängigkeitsverhältnis* hin, das zwischen dem einzelnen Individuum und einem jeweiligem anderen besteht. Die Existenz des Gegenübers führt aber auch zur Notwendigkeit, gewisse Grenzen im Miteinander zu achten (vgl. Borst 2003, S. 113). Jene Anknüpfung Honneths an die Überlegungen von Hegel und Mead führt ihn somit zu einer der zentralen Thesen seiner Anerkennungstheorie – dass sich das gesellschaftliche Leben ausschließlich durch das Gebot der wechselseitigen Anerkennung reproduzieren lässt, da Individuen nur auf diese Weise eine *praktische Selbstbeziehung* aufbauen können (vgl. ebd., S. 113):

> „(…) die Reproduktion des gesellschaftlichen Lebens vollzieht sich unter dem Imperativ einer reziproken Anerkennung, weil die Subjekte zu einem praktischen Selbstverhältnis nur gelangen können, wenn sie sich aus der normativen Perspektive ihrer Interaktionspartner als deren soziale Adressaten zu begreifen lernen" (Honneth 1992, S. 148).

Der genannte Imperativ einer wechselseitigen Anerkennung unterstellt das Individuum einem normativen Zwang, der ein Streben nach intersubjektiver, sozialer Anerkennung herbeiführt, weil vom Erhalt der Anerkennung durch Andere die Erfüllung der Ansprüche für die eigene Subjektivität abhängt. Da dieser Prozess schrittweise verläuft und die Ansprüche im Zeitverlauf zunehmen, ist der Mensch darauf angewiesen, seine Verhältnisse der reziproken Anerkennung stets auszuweiten (vgl. ebd., S. 148 f.). Daher stellt Honneth sein Anerkennungsmodell in Form eines *intersubjektivitätstheoretischen Personenkonzepts* dar. Aus diesem geht hervor, dass die Ausbildung einer gelingenden Identität von den sozialen Beziehungen eines Menschen und der sich darin widerspiegelnden *Qualität der Anerkennung* abhängt. Dabei unterscheidet er drei Formen von Anerkennungsverhältnissen: *Liebe, Recht und Solidarität* (vgl. Schäfer / Thompson 2010, S. 15 ff.): „(…) auf diese Weise entsteht ein intersubjektivitätstheoretisches Personenkonzept, innerhalb dessen sich die Möglichkeit einer ungestörten Selbstbeziehung als abhängig von drei Formen der Anerkennung (Liebe, Recht, Wertschätzung) erweist" (Honneth 1992, S. 8). Damit greift er erneut auf den frühen Hegel und auf Mead zurück, in deren Schriften ebenso „die begriffliche Unterscheidung von verschiedenen Anerkennungsstufen" (ebd., S. 148) zu finden ist (vgl. ebd.). Die Qualität der Anerkennungsverhältnisse ist sodann ausschlaggebend dafür, ob das Selbstverhältnis bzw. die Selbstbeziehung eines Menschen eine eher positive oder negative Gestalt annimmt, bzw. ungestört oder gestört ist (vgl. Schäfer / Thompson 2010, S. 15). Honneth thematisiert somit nicht nur den Zusammenhang von sozialer Anerkennung und individueller Identität; er betrachtet das Erlangen von Anerkennung durch den Anderen sogar als den *Garant von Identität* (vgl. Balzer 2014, S. 44 f.).

Die *drei Anerkennungsmuster*, welche in diesem Kapitel noch ausführlich hinsichtlich ihrer Bedeutung erläutert werden, weisen laut Honneth auf *drei verschiedene Interaktionssphären* bzw. drei Arten der sozialen Integration hin: jene durch emotionale Bindungen erzeugte, die auf dem Wege der Zuerkennung von Rechten herbeigeführte und eine solche, bei der mittels einer gemeinsamen Wertorientierung Anerkennung entsteht (vgl. Honneth 1992, S. 152). Er vertritt damit die These, dass Liebe, Recht und Solidarität die notwendigen Prämissen für stattfindende Anerkennungsprozesse im Rahmen *demokratischer Gesellschaften* abbilden (vgl. Borst 2003, S. 100). Diesen drei Anerkennungsverhältnissen werden seinerseits jeweils auch ein besonderes *Potenzial an moralischer Entwicklung*, sowie die Ermöglichung zur Ausbildung *drei spezifischer Formen der Selbstbeziehung* zugeschrieben. Honneths Ziel liegt jedoch nicht in der bloßen theoretischen Konstruktion möglicher Formen einer wechselseitigen Anerkennung. Vielmehr gilt es ihm darüber hinaus als ein Anliegen, diese auch an der empirischen Wirklichkeit zu überprüfen, und damit an Erkenntnisse der erziehungswissenschaftlichen Forschung anzuknüpfen (vgl. Honneth 1992, S. 152):

> „Um diese weitergehenden Ansprüche überprüfen zu können, bietet sich der Versuch an, den anschaulich gegebenen Gehalt von Liebe, Recht und Solidarität bis an den Punkt zu rekonstruieren, an dem sich ein produktiver Anschluß an die Ergebnisse erziehungswissenschaftlicher Forschungen eröffnet; in der Bewährung am Material empirischer Untersuchungen wird sich dann zeigen müssen, ob sich die drei Beziehungsmuster tatsächlich als Anerkennungsformen so voneinander unterscheiden lassen, daß sie im Hinblick auf das Medium der Anerkennung, die Art der ermöglichten Selbstbeziehung und das moralische Entwicklungspotenzial eigenständige Typen bilden" (ebd., S. 152 f.).

In einem weiteren Schritt, soll sich nun den drei Anerkennungsmustern sowie den damit einhergehenden Interaktionsformen und Arten der Selbstbeziehung gewidmet werden. Im Rahmen dessen werden auch drei *Formen der Missachtung* von Anerkennung angeführt, die Honneth den jeweiligen Mustern wechselseitiger Anerkennung zuordnet und beschreibt. Dabei ist der Ausgangspunkt seiner Überlegungen, dass sich die Arten der Missachtung anhand des Merkmals differenzieren lassen, welche Stufe der intersubjektiv gewonnenen Selbstbeziehung hierdurch geschädigt oder sogar destruiert wird (vgl. Honneth 1992, S. 150).

4.2 Die drei Formen intersubjektiver Anerkennung nach Honneth

4.2.1 Liebe als affektive Form von Anerkennung

Als ein erstes Anerkennungskonstrukt führt Honneth die Liebe an, welche die *affektive Anerkennungsweise* im Rahmen seiner anerkennungstheoretischen Konzeption darstellt (vgl. Borst 2003, S. 122). Hierunter versteht er alle *Primärbeziehungen*, die sich aufgrund *intensiv-affektiver Bindungen* zwischen wenigen Personen herausbilden. Genauer fasst er darunter erotische Zweierbeziehungen, Freundschaften und Eltern-Kind-Beziehungen auf. Indem er die Bedeutung von Liebe nicht rein auf das Empfinden innerhalb sexueller Intimbeziehungen reduziert, führt er eine möglichst neutrale Verwendungsweise des Begriffes an, und nimmt somit Bezug auf das Hegelsche Verständnis von Liebe.

Die affektive Beziehung zwischen Eltern und Kind stellt im Hegelschen Sinne insofern die *erste Stufe* einer wechselseitigen Anerkennung dar, als sich die Individuen in diesem Verhältnis als Wesen mit Bedürfnissen, deren Erfüllung an Andere gebunden ist, anerkennen (vgl. Honneth 1992, S. 153): „(...) in der reziproken Erfahrung liebevoller Zuwendung wissen beide Subjekte sich darin einig, daß sie in ihrer Bedürftigkeit von jeweils anderen abhängig sind" (ebd.). Daher äußert sich Liebe als Ausdruck von Anerkennung in Form einer Zustimmung und Ermutigung auf einer *affektiven* Ebene, aus der eine Erwiderung und Befriedigung der Bedürfnisse hervorgeht (vgl. ebd.). Die *zweite Stufe* der Liebe und die damit verbundene reziproke Anerkennung findet das Individuum später im Kontext erotischer oder sexueller Beziehungen und Freundschaften. Auf die erste Stufe der Liebe, die sich innerhalb der *asymmetrisch* ausgerichteten Eltern-Kind-Beziehung vollzieht (vgl. Borst 2003, S. 123), soll an dieser Stelle wegen des pädagogischen Kontextes der Arbeit genauer eingegangen werden.

Widmet man sich dieser Thematik vor dem Hintergrund eines erziehungswissenschaftlichen Interesses, so stellt man das in jener Art von Primärbeziehungen bestehende prekäre Gleichgewicht zwischen Autonomie und Bindung in den Vordergrund (vgl. Honneth 1992, S. 154). Um auf diesen Aspekt genauer einzugehen, greift Honneth auf die psychoanalytische Tradition der ihrerseits entworfenen *Theorie der Objektbeziehung* zu-rück. Diese legt ihren Fokus auf das *frühkindliche Interaktionsgeschehen*, und betrachtet die *affektive Bindung* an ein Gegenüber als einen Prozess, der nur erfolgreich verlaufen kann, wenn die Spannung zwischen symbiotischer Selbstpreisgabe und eigener Autonomie wechselseitig fortbesteht (vgl. Honneth 1992, S. 154). Honneth bezieht sich dabei insbesondere auf wichtige Überlegungen des Kinderarztes und Psychoanalytikers Donald W. Winnicott, aber auch auf solche der Psychoanalytikerin Jessica Benjamin, die an Winnicotts Gedankenkonstrukte anknüpft und die Liebesbeziehung als einen Prozess reziproker Anerkennung deutet (vgl. ebd., S. 157 f.).

Für Winnicotts psychoanalytische Auffassung spiegelt sich der zentrale Ausgangspunkt in der These wider, dass die mütterliche Fürsorge existenziell für das Überleben des Säuglings ist. Zwischen der Mutter und ihrem neugeborenen Kind besteht daher von Geburt an eine *Symbiose*, die sich bereits während der Schwangerschaft ausbildet und für beide Beteiligten ein wechselseitiges *Abhängigkeitsverhältnis* bedeutet (vgl. ebd., S. 158; 160). Für das Kind begründet sich die *absolute Abhängigkeit* zur Mutter durch das Fehlen kommunikativer Artikulationsmittel. Dadurch ist es nicht im Stande, seine eigenen Bedürfnisse auszudrücken, und somit völlig auf das fürsorgliche Verhalten der Mutter angewiesen. Seitens der Mutter resultiert jene Dependenz hingegen aus der Anerkennung der hilflosen Bedürftigkeit ihres Kindes, die sie aufgrund der bereits im Mutterleib entstehenden Symbiose als eigenen Mangel empfindet, wodurch wiederum die mütterliche Zuwendung zur kindlichen Pflege gewährleistet wird (vgl. ebd., S. 160 f.). Schließlich stellt sich für Winnicott jedoch folgende wichtige Frage: Wie kann sich diese verschmolzene Einheit, gekennzeichnet durch eine *undifferenzierte Intersubjektivität*, in einer Art und Weise auflösen, „(...) [so] daß [Mutter und Kind] sich am Ende als unabhängige Personen zu akzeptieren und zu lieben lernen?" (ebd., S. 159). Die Gewinnung einer stückweit neuen Unabhängigkeit für beide Beteiligten stellt die Prämisse für das Eintreten eines solchen Prozesses, der als *Ent-Anpassung* bezeichnet wird, dar. Er vollzieht sich in einer Phase, die als eine wesentliche für die Entwicklung der kindlichen Bindungsfähigkeit angesehen wird. Die absolute Abhängigkeit geht sodann in eine *relative Dependenz* über, die durch eine neue Form der Interaktion gekennzeichnet ist. Im Verlauf der Ent-Anpassung lernt das Kind im Alter von ungefähr sechs Monaten, akustische oder optische Signale als Zeichen der Zusicherung für die spätere Befriedigung der eigenen Bedürfnisse zu verstehen und die vorübergehende Abwesenheit der Mutter zu bewältigen. Dementsprechend eignet es sich die Mutter an, die Bedürfnisbefriedigung ihres Kindes allmählich zeitlich etwas aufzuschieben, indem sie es für zunehmend längere Phasen alleine lässt (vgl. Honneth 1992, S. 161 f.). Diesen wichtigen Schritt im Prozess der Ent-Anpassung kann man in seinen wesentlichen Grundzügen wie folgt zusammenfassen: Mutter und Kind „(…) geben zu verstehen, wie sich im Verhältnis zwischen [ihnen] jenes »Seinselbstsein in einem fremden« heranzubilden vermag, das als elementares Muster aller reiferen Formen von Liebe zu begreifen ist" (ebd., S. 162). Innerhalb dieser ersten Ablösungsphase folgen aus der psychoanalytischen Perspektive von Winnicott zerstörerische Attacken des Kindes, die gegen die Mutter[10] gerichtet sind. Diese können im Sinne Jessica Benjamins, welche sich an diesem Punkt auf Hegel bezieht, auch als Kampf um Anerkennung gedeutet werden und stellen einen wichtigen Schritt im Ablösungsprozess dar (vgl. ebd., S. 163 f.):

> „(…) erst im Versuch der Zerstörung seiner Mutter, in Form eines Kampfes also, erlebt das Kind ja, daß es auf die liebevolle Zuwendung einer Person angewiesen ist, die unabhängig von ihm als ein Wesen mit eigenen Ansprüchen existiert. Für die Mutter heißt das umgekehrt aber, daß auch sie erst die Unabhängigkeit ihres Gegenübers zu akzeptieren lernen muß, wenn sie seine zerstörerischen Attacken im Rahmen ihres wieder gewachsenen Handlungsspielraumes »überleben« will (…)" (ebd., S. 164).

Durch diesen ersten Schritt einer *wechselseitigen Grenzziehung* zwischen Mutter und Kind, werden beide Beteiligten dazu befähigt, sich der gegenseitigen Liebe gewiss zu sein, ohne dabei eine Symbiose bilden zu müssen (vgl. ebd.). Honneth spricht dabei auch von einem Liebesverhältnis, das idealtypisch „eine durch Anerkennung gebrochene Symbiose" (ebd., S. 172) abbildet. Auf weitere Details zum Verlauf dieses Prozesses, soll an dieser Stelle verzichtet werden. Vielmehr ist nun entscheidend, darauf einzugehen, inwiefern sich durch die Liebe als besonderes Konstrukt der Anerkennung, die Ausbildung von *Selbstvertrauen* als eine Form der Selbstbeziehung beim Kind vollziehen kann.

Winnicott sieht die Basis für die Entwicklung von Selbstvertrauen dadurch gegeben, dass das Kind den Mut erlangt, sich von der Mutter zu lösen und somit die „Fähigkeit zum Alleinsein" (ebd., S. 168) erwirbt. Dieser Vorgang kann jedoch nur einsetzen,

---

[10] Honneth beschränkt seine Bezugnahme zur Psychoanalyse in Kampf um Anerkennung ausschließlich auf Überlegungen, welche die Mutter-Kind-Beziehung betrachten. Demnach lässt er dabei die Rolle des Vaters im Rahmen der ödipalen Phase des Kindes völlig außer Acht. Damit erfährt die Mutterrolle bei Honneth eine unübersehbare Idealisierung. In einem Aufsatz, der später von ihm erschienen ist, bezieht er diesen zuvor fehlenden psychoanalytischen Aspekt jedoch in seine Überlegungen mit ein (vgl. Borst 2003, S. 124).

wenn sich das Kind von seiner Mutter als unabhängige Person geliebt weiß, und auf ihre dauerhafte und zuverlässige Zuwendung vertrauen kann. Vor dem Hintergrund dieser Gewissheit kann sich das Kind nun beruhigt der Entdeckung seines eigenen Lebens widmen (vgl. Honneth 1992, 167 f.). Laut Honneth stellt die Fähigkeit, mit sich allein sein zu können, nicht nur die grundlegende Prämisse für die Ausbildung von Selbstvertrauen dar, sondern auch die unabdingbare Grundlage für eine autonome gesellschaftliche Teilhabe (vgl. ebd., S. 174). Der Begriff Selbstvertrauen ist insgesamt als das beim Individuum bestehende Gefühl, *sich auf sich selbst* und seine Fähigkeiten verlassen zu können, aufzufassen. Es bildet sich infolge positiv zurückliegender Erfahrungen aus, und bezieht sich auf die Gewissheit, dazu im Stande zu sein, Herausforderungen bzw. das eigene Leben bewältigen zu können (vgl. Waibel 1994, S. 134).

Nicht nur in den ersten Lebensmonaten eines Menschen spielt die *affektive Anerkennungsform* für die Ausbildung der Fähigkeit zum Alleinsein eine wichtige Rolle. Ihr kommt auch im weiteren Verlauf des Lebens, wenn es im Kontext von Freundschaften und erotischen Zweierbeziehungen darum geht, erneut Bindungen einzugehen, wieder eine große Bedeutung zu, denn

> „(…) jede starke Gefühlsbindung zwischen Menschen [eröffnet] wechselseitig die Chance (…), sich so situationsvergessen und entspannt auf sich selber zu beziehen, wie es dem Säugling möglich ist, wenn er sich auf die emotionale Zuwendung der Mutter verlassen kann" (Honneth 1992, S. 169).

Der Grundstein dafür, wird also bereits im Rahmen der Ablösungsphase von der Mutter innerhalb der ersten Lebensmonate gelegt. Deshalb ist dieser Vorgang, wie oben bereits angedeutet, ein wesentlicher Prozess für die Entwicklung des kindlichen Bindungsverhaltens.

Als eine erste Form der Missachtung von Anerkennung ordnet Honneth dem Anerkennungsmuster Liebe die *physische Misshandlung* zu, die sich bspw. in Vergewaltigungen und Folter äußert und für das Individuum eine Entziehung der autonomen Verfügung über den eigenen Leib bedeutet. In seinen Augen bildet sie die *elementarste Form der persönlichen Erniedrigung*, weil diese am zerstörensten auf die praktische Selbstbeziehung eines Individuums wirken kann. Genauer gesagt, wird durch jene Art der Misshandlung der wichtigste Bestandteil der Selbstbeziehung eines Menschen, das Selbstvertrauen, nachhaltig geschädigt oder sogar zerstört (vgl. ebd., S. 214 f.). In Eltern-Kind-Beziehungen ist diese Missachtungsform vorzufinden, wenn Eltern ihre Macht innerhalb des asymmetrischen Gefüges ausnutzen, und ihr Kind vernachlässigen oder diesem sogar gewalttätig gegenübertreten (vgl. Borst 2003, S. 123).

4.2.2 Recht als kognitive Form von Anerkennung

Ein zweites Anerkennungsmuster bildet laut Honneth die rechtliche Anerkennung, welche sich im Rahmen einer *kognitiven* Interaktionssphäre vollzieht (vgl. ebd., S. 122) und sich im Gegensatz zur Liebe auf die Allgemeinheit bzw. die ganze Gesellschaft bezieht (vgl. Schäfer / Thompson 2010, S. 17). Ein weiterer Aspekt zur Differenzierung der beiden Formen ist, dass sich die rechtliche Anerkennung erst im historischen Verlauf hat ausbilden können (vgl. Honneth 1992, S. 175). Wurde in *traditionalen* Gesellschaften diese Form von Anerkennung in einem gewissen Maße noch an den sozialen Status eines Individuums gebunden, so wandelt sich dies mit dem Übergang zur *modernen* Gesellschaft. An Stelle einer *konventionellen Sittlichkeit* tritt nun eine *postkonventionelle Moral*, welche die rechtliche Anerkennung einem *jeden* Menschen zuspricht – ohne dabei Ausnahmen oder Privilegierungen zu gewähren (vgl. ebd., S. 177 ff.). Begründet wird jene Moral durch die darin verwurzelte Überzeugung, dass ein jedes Individuum im Stande dazu ist, vernünftige Entscheidungen bezüglich moralischer Normen eigenständig treffen zu können (vgl. ebd., S. 184). Honneth nimmt in seinen Ausführungen hierzu erneut Bezug zu den Überlegungen von Hegel und Mead. Diese sehen das Begreifen eines Individuums seiner Selbst als Rechtssubjekt an jene Bedingung geknüpft, dass es um seine eigenen *normativen Verpflichtungen* weiß, und diesen im Miteinander auch nachkommt (vgl. ebd., S. 174):

> „(…) erst aus der normativen Perspektive eines »generalisierten Anderen«, der uns die anderen Mitglieder des Gemeinwesens bereits als Träger von Rechten anzuerkennen lehrt, können wir uns selber auch als Rechtsperson in dem Sinne verstehen, daß wir uns der sozialen Erfüllung bestimmter unserer Ansprüche sicher sein dürfen" (ebd.).

Dieser Ausgangspunkt bildet die Prämisse dafür, dass wechselseitige Anerkennung überhaupt stattfinden kann (vgl. ebd.). Zudem wird sie dadurch ermöglicht, dass *alle* Individuen einer modernen Gesellschaft, die sich durch ein posttraditionales Rechtsverhältnis kennzeichnet, als *frei und gleichwertig* angesehen werden und dem gleichen Gesetz, einer gemeinsamen Rechtsordnung, folgen (vgl. ebd., S. 175 ff.). Honneth zufolge kann deshalb eine moderne Gesellschaft nur dann als funktionierend angesehen werden, wenn *normative Übereinkünfte* existieren, die im Rahmen von Anerkennungskämpfen ihre Aushandlung finden (vgl. Borst 2003, S. 125).

Mit der rechtlichen Anerkennung geht schließlich auch eine gewisse Form von *Achtung* einher, welche im Kantschen Sinne einen *universellen Respekt* gegenüber der Willensfreiheit des Menschen zum Ausdruck bringt (vgl. Honneth 1992, S. 180 f.). Gleichzeitig schafft diese Form von Anerkennung aber auch die Voraussetzung für eine Ausbildung von *Selbstachtung*, welche laut Honneth als ein weiterer Bestandteil einer positiven Selbstbeziehung angesehen werden kann. Wird einem Individuum die soziale Zuerkennung von Rechten entgegengebracht, so erlangt es die Fähigkeit, sich auch selbst als eine moralisch zurechnungsfähige Person zu erkennen (vgl. ebd., S. 191 f.), da die gesellschaftliche Achtung „(...) das Bewußtsein [beim Menschen] entstehen [lässt], sich selber achten zu können, weil es die Achtung aller anderen verdient" (vgl. ebd., S. 192). Wenn einer Person die rechtliche Anerkennung hingegen verwehrt wird, kommt eine weitere Form der Missachtung zum Vorschein, die von Honneth als *Entrechtung* oder *sozialer Ausschluss* bezeichnet wird. Diese impliziert sodann die leidvolle Erfahrung, dass einem einzelnen Individuum weniger moralische Zurechnungsfähigkeit zuerkannt wird als anderen gesellschaftlichen Mitgliedern (vgl. ebd., S. 215 f.). Damit einhergehend wird ihm der "Status eines vollwertigen, moralisch gleichberechtigten Interaktionspartners" (ebd., S. 216) verwehrt. Insgesamt spiegelt sich diese Art der Missachtung von Anerkennung darin wider, dass eine jeweilige Person eine gesellschaftliche Exklusion erfährt, welche für sie ein Ausschluss von den in einer Gesellschaft geltenden Rechten bedeutet (vgl. Kaletta 2008, S. 25). Als Konsequenz schlägt sich die Entrechtung auf die Selbstbeziehung insofern negativ nieder, als sich dadurch die Selbstachtung eines Menschen reduziert (vgl. ebd.).

4.2.3 Solidarität oder soziale Wertschätzung als dritte Form der Anerkennung

Die dritte Anerkennungsform, die Honneth anführt, bezeichnet er als *Solidarität* oder *soziale Wertschätzung*. Ihm zufolge lässt sich Solidarität als „(...) eine Art von Interaktionsverhältnis verstehen, in dem die Subjekte wechselseitig an ihren unterschiedlichen Lebenswegen Anteil nehmen, weil sie sich untereinander auf symmetrische Weise wertschätzen" (vgl. Honneth 1992, S. 208). Diese Art der Anerkennung impliziert sodann eine weitere Form der *Achtung* neben jener, die aus der rechtlichen Anerkennung hervorgeht. Sie kennzeichnet sich dadurch, dass sie einem Menschen aufgrund seiner Leistungen (vgl. Honneth 1992, S. 180 f.), aber auch wegen seiner individuellen Fähigkeiten und Eigenschaften (vgl. ebd., S. 198) entgegengebracht wird, welche danach bemessen werden, inwieweit sie – gemessen an einem Orientierungsrahmen, der jene ethischen Werte und Ziele vorgibt, die das kulturelle Selbstverständnis einer jeweiligen Gesellschaft widerspiegeln – gesellschaftlich von Bedeutung sind (vgl. ebd., S. 180 f.; 197 f.) bzw. inwiefern „(…) sie dazu in der Lage erscheinen, zur Verwirklichung der gesellschaftlichen Zielvorgaben beizutragen" (ebd., S. 198). Daher grenzt sich die soziale Wertschätzung von der rechtlichen Anerkennung in dem Punkt ab, dass sie einem Menschen aufgrund seiner individuellen besonderen Eigenschaften zuteilwird, und eben nicht jeder Person gemäß eines Gleichheitsprinzips zukommt (vgl. ebd., S. 197.; Kaletta 2008, S. 24). Vielmehr legt hier das *Prinzip der Leistungsgerechtigkeit* den Grundstein für die Verleihung sozialer Anerkennung (vgl. Kaletta 2008, S. 24).

Auch im Rahmen seiner Ausführungen zu diesem Anerkennungskonstrukt, weist Honneth darauf hin, dass es sich in dieser Form erst mit der Zeit herausbilden konnte und gegenwärtig in modernen Gesellschaften vorzufinden ist. Anders ausgedrückt, hat diesbezüglich ein Wandel stattgefunden, der mit dem Übergang von der traditionalen zur modernen Gesellschaft einhergeht. In traditionalen, ständisch und somit hierarchisch gegliederten Gesellschaften ist die soziale Wertschätzung[11] stets an kollektive Verhaltenserwartungen geknüpft. Diese können sich je nach sozialem Status des Individuums unterscheiden. Daraus resultiert auf einer gesamtgesellschaftlichen Ebene betrachtet, lediglich das mögliche Erlangen einer *asymmetrischen sozialen Anerkennung* der individuellen Fähigkeiten und Leistungen. Eine symmetrische bzw. wechselseitige Anerkennung ist bei dieser Form der Wertschätzung jedoch nur innerhalb der jeweiligen Statusgruppen möglich (vgl. Honneth 1992, S. 198 ff.). Die symmetrische Wertschätzung wird erst mit dem Einsetzen des gesellschaftlichen Wandels hervorgebracht. Honneth zufolge wird Solidarität somit erst in modernen Gesellschaften ermöglicht (vgl. ebd., S. 208 f.). Damit einhergehend kommt auch erstmals die Frage auf, ob die soziale Wertschätzung[12] eines Menschen an einem vorgegebenen Wert von Kollektiveigenschaften, die einer Person aufgrund seiner Zugehörigkeit zu einer Statusgruppe zugeschrieben werden, bemessen werden soll (vgl. ebd., S. 202).

---

[11] Die soziale Wertschätzung kann in diesen Gesellschaften auch synonym als *Ehre* bezeichnet werden. Diese ist eng mit den jeweils standesgemäßen Formen der Lebensführung verbunden (vgl. Honneth 1992, S. 204).
[12] In modernen Gesellschaften kann soziale Wertschätzung auch als *Ansehen oder Prestige* bezeichnet werden, welches einem Individuum aufgrund seiner eigenen Leistungen und Fähigkeiten zukommt (vgl. ebd.).

Die wesentliche Veränderung dieses Übergangs äußert sich darin, dass das Individuum nun als „eine lebensgeschichtlich individuierte Größe" (Honneth 1992, S. 202) angesehen wird:

> „(...) weil nicht mehr im vornhinein festgelegt sein soll, welche Formen der Lebensführung als ethisch zulässig gelten, sind es nicht mehr kollektive Eigenschaften, sondern die lebensgeschichtlich entwickelten Fähigkeiten des einzelnen, an denen die soziale Wertschätzung sich zu orientieren beginnt" (ebd.).

Dieser Prozess kann auch als *Individualisierung der Leistung* bezeichnet werden (vgl. ebd.) und hat zur Folge, dass das einzelne Individuum selbst dafür verantwortlich ist, sich die Anerkennung seitens anderer Gesellschaftsmitglieder zu verschaffen (vgl. Kaletta 2008, S. 24).

Analog zum Wandlungsprozess der sozialen Wertschätzung, welcher sich durch eine Individualisierung kennzeichnet, verändert sich in Folge dessen auch das praktische Selbstverhältnis des modernen Menschen. Die eigens erbrachten Leistungen kann das einzelne Individuum nun in positiver Weise auf sich selbst und seine Fähigkeiten zurückführen. Sie sind somit nicht weiterhin einem Kollektiv zu verdanken, dem man zugehörig ist. Daraus entsteht und wächst das *Selbstwertgefühl bzw. die Selbstschätzung* eines Menschen, weil sich in ihm ein Vertrauen dahingehend aufbauen kann, dass das eigene Selbst aufgrund der individuellen Fähigkeiten und erbrachten Leistungen sozial anerkannt wird, da diese als wertvoll erachtet und deshalb geschätzt werden (vgl. Honneth 1992, S. 209).

Auch diesem Anerkennungsmedium weist Honneth eine Form der Missachtung zu, für die er die Begriffe *Beleidigung* und *Entwürdigung* verwendet. Sie impliziert eine „Herabwürdigung von individuellen oder kollektiven Lebensweisen" (vgl. ebd., S. 217), wodurch gewisse Lebensformen oder Überzeugungen als minderwertig oder mangelhaft erachtet werden. Die daraus resultierende Konsequenz für das einzelne Individuum äußert sich darin, dass es, durch die Erfahrung einer *sozialen Entwertung* bedingt, selbst nicht mehr im Stande dazu ist, seine Fähigkeiten als sozial wertvoll zu erachten. Damit einhergehend sinkt auch die eigene Selbstschätzung (vgl. ebd.).

Da nun geklärt ist, welche verschiedenen Dimensionen der Anerkennungsbegriff implizieren kann, in welchen Formen sich intersubjektive Anerkennung innerhalb moderner Gesellschaften zu äußern vermag und zudem, analog zu den drei Anerkennungsmustern Liebe, Recht und Solidarität, ein Einblick in die jeweiligen Formen der Missachtung bzw. Verwehrung sozialer Anerkennung gegeben ist, soll in einem letzten Kapitel auf den Zusammenhang zwischen einer unzureichenden Anerkennung im menschlichen Miteinander und der Ausbildung von aggressivem Verhalten eingegangen werden. Genauer, und in einem pädagogischen Sinne formuliert, lautet die These, dass sich aggressives Verhalten bei Kindern und Jugendlichen ausbildet, wenn ihnen eine mangelnde Anerkennung – sei es seitens der Eltern, von Gleichaltrigen oder anderen wichtigen Bezugspersonen – im Kindesalter zukommt. Dabei wird insbesondere auch die Qualität der Selbstbeziehung eine zentrale Rolle spielen. Einleitend wird im folgenden Kapitel jedoch erst einmal auf die Semantik der Begriffe Aggression und aggressives Verhalten eingegangen.

5 Mangelnde Anerkennung im Kindesalter als Ursprung für aggressives Verhalten bei Kindern und Jugendlichen

5.1 Definition der Begriffe Aggression und aggressives Verhalten

Wendet man sich den Begriffen Aggression und aggressives Verhalten hinsichtlich ihrer Bedeutung zu, so scheint es dabei wohl unabdingbar zu sein, auf psychologische Erkenntnisse und Annahmen zurückzugreifen, denn auch wenn sich die Pädagogik der Aggressionsthematik in einem großen Umfang zuwendet, so fällt einem bei der Lektüre erziehungswissenschaftlicher Literatur dennoch auf, dass in dieser immer wieder ein Rückbezug auf Definitionen, Theorien und empirische Ergebnisse, die der Psychologie entstammen, vorzufinden ist. Des Weiteren geht mit der begrifflichen Auseinandersetzung von Aggression einher, dass dieses Konstrukt sehr vielbedeutend ist, und somit keine allgemeingültige Auffassung hiervon vorherrschend ist (vgl. Weighardt 1999, S. 40). Im Laufe dieses Kapitels jedoch, wird eine für den pädagogischen Bereich sinnvolle begriffliche Definition von Aggression angeführt. Weil der Aggressionsbegriff bereits ein Verhalten oder Handeln, nämlich das aggressive Verhalten oder Handeln, beschreibt, ist eine eigene Definition für den Terminus aggressives Verhalten nicht notwendig (vgl. Nolting 1995, S. 27): „(...) der Begriff der Aggression [sollte] dem Verhalten bzw. Handeln vorbehalten bleiben (...)" (ebd.).

Zunächst einmal soll darauf hingewiesen werden, dass aggressives Verhalten bei Kindern und Jugendlichen gemäß der Klinischen Kinderpsychologie und Kinderpsychiatrie der Kategorie *Störungen des Sozialverhaltens* zugeordnet wird (vgl. Petermann / Koglin 2013, S. 11), welche „(...) als ein wiederkehrendes und anhaltendes Verhaltensmuster definiert [werden], durch das grundlegende Rechte Anderer und wichtige altersrelevante Normen oder Regeln verletzt werden" (ebd.). Damit ist bereits ein Hinweis dahingehend gegeben, was aggressives Verhalten impliziert; es stellt ein Verhalten dar, das sich nicht nur einmalig oder vereinzelt zeigt, und zudem ein anderes Individuum bzw. andere Individuen in gewisser Weise schädigt.

Die Abstammung der Begrifflichkeit Aggression lässt sich im Lateinischen finden. Das Verb *aggredi* kann sowohl *positiv* konnotiert als *etwas angehen, aktiv werden* oder *auf jemanden zugehen* ausgelegt werden, es kann jedoch auch in einem *negativen* Sinne als *angreifen* oder *überfallen* ins Deutsche übersetzt werden. Letztere Bedeutung ist jene, die für die gegenwärtige Auffassung des Begriffes typisch ist (vgl. Sturzbecher / Hermann 2003, S. 188): „Heute steht der Aggressionsbegriff genauso wie der Gewaltbegriff in der Regel für die beabsichtigte oder zumindest billigend in Kauf genommene Schädigung einer bestimmten Person oder Personengruppe" (ebd.).

Im Folgenden soll der Aggressionsbegriff anhand von *drei charakteristischen Merkmalen* definiert werden, die im Rahmen der Vielfalt an begrifflichen Festlegungen immer wieder vorzufinden sind. Die Definitionen beinhalten zum einen die Unterstellung von *Intentionalität*, was bedeutet, dass sich die menschliche Aggression in einem Verhalten äußert, welches die Absicht impliziert, ein anderes Individuum, gegen das sich das aggressive Verhalten richtet, *gezielt* zu verletzen. Zudem bringt das durch eine Aggression hervorgebrachte Verhalten *schädigende Konsequenzen* für die andere Person mit sich. Ein drittes Kriterium zur begrifflichen Bestimmung von Aggression ist, dass sie den *sozio-moralischen Bewertungen* einer Gesellschaft unterliegt (vgl. ebd., S. 184 f.), d.h.: „Aggression ist nicht eine Anzahl von Verhaltensweisen, sondern ein kulturell determiniertes Etikett für bestimmte Verhaltensmuster, das als Resultat einer soziomoralischen Bewertung durch Beobachter entsteht" (ebd., S. 185). Die Betrachtung und Einbeziehung aller drei Merkmale von Aggression, ist insbesondere aus einer pädagogischen Perspektive sinnvoll und sogar unabdingbar, da die Bevorzugung einzelner Kriterien zur Feststellung einer vorliegenden Aggression tiefgreifende Konsequenzen nach sich ziehen kann. Zum Verständnis soll diesbezüglich nur ein kurzes Beispiel gegeben werden. Betrachtet man ausschließlich das Kriterium der schädigenden Konsequenzen, so kann einem bei einer Bewertung, ob ein aggressives Verhalten vorliegt, der Fehler unterlaufen, dass Aggressionen, die keine *offenkundigen* Schädigungen mit sich bringen, für legitim erklärt werden (vgl. ebd.).

Bei der hier angeführten Begriffsklärung von Aggression, wird sich lediglich auf ihre *destruktive* Form bezogen. Sie umfasst all die *negativen Aggressionen* eines Menschen, die sich in einem gewalttätigen Verhalten äußern, gesellschaftlich als nicht akzeptabel gelten und daher in der Gesellschaft nicht geduldet werden (vgl. Fischer 2014, S. 17). Dementsprechend wird im weiteren Verlauf dieses Kapitels aggressives Verhalten im Kindes- und Jugendalter als ein Verhalten verstanden, das sich als problematisch erweist und ein „(…) über [das gewöhnliche] Maß hinausgehende und in unserer Kultur nicht mehr akzeptierte aggressive Verhalten (…)" (Schirmer 2011, S. 16) darstellt.

Als synonymer Begriff für aggressives Verhalten ist in der Literatur auch gelegentlich das *aggressiv-dissoziale Verhalten* zu lesen. Diese Verwendung weist darauf hin, dass aggressives Verhalten ein solches abbildet, das sich auf das gesellschaftliche und gemeinschaftliche Miteinander bzw. auf die soziale Interaktion zwischen Individuen negativ auswirkt – in einem weiteren Sinne also dissozial ist – indem es ihm bzw. ihr schadet. Ein Beispiel hierfür stellt die Beeinträchtigung der Rechte und Interessen anderer Gesellschaftsmitglieder durch das aggressive Verhalten eines einzelnen Individuums dar (vgl. Petermann / Koglin 2013, S. 9). Auf die positive bzw. *konstruktive* Art von Aggressionen[13], welche die Erlangung individueller Selbstbehauptung und Ziele verfolgt, soll angesichts der These dieser Arbeit, welche aggressives Verhalten negativ auffasst und daher problematisieren will, nicht eingegangen werden (vgl. ebd.).

Auch wird auf eine genauere *Einteilung verschiedener Formen aggressiven Verhaltens*, wie sie zahlreich und verschiedenartig in der wissenschaftlichen Literatur vorzufinden ist, verzichtet. An dieser Stelle soll lediglich darauf hingewiesen werden, dass bspw. zwischen verbaler und körperlicher, feindseliger, offener, reaktiver und affektiver Aggression differenziert werden kann, um aggressives Verhalten genauer beschreiben zu können (vgl. ebd., S. 10). In diesem Kontext werden die genannten Erscheinungsformen jedoch lediglich in ihrer Bezeichnung aufgeführt, um eine Vorstellung davon zu vermitteln, in welcher Art und Weise sich das abweichende Verhalten zu äußern vermag. Insbesondere sticht dabei hervor, dass Aggression eben auch als verbale Äußerung zum Vorschein kommen kann. Damit soll der Assoziation entgegengewirkt werden, dass sich das Resultat aggressiven Verhalten ausschließlich in Form einer körperlichen Schädigung zeigt. Eine tiefgreifendere Erläuterung dieser Unterscheidung spielt im Rahmen dieser Arbeit jedoch keine Rolle, da in dieser lediglich der Zusammenhang zwischen einem Auftreten aggressiven Verhaltens bei Kindern und Jugendlichen und dem Bestehen einer mangelnden Anerkennung in der Kindheit dargestellt werden soll. Auf eine präzise Beschreibung der Erscheinungsformen kann demnach verzichtet werden. Abschließend soll diese Korrelation im Folgenden dargestellt und begründet werden.

---

[13] Bei *konstruktiven* Aggressionen handelt es sich um jene, die allen Menschen *kulturübergreifend angeboren* sind und stets eine wichtige Funktion erfüllen: Sie dienen dem menschlichen Überleben und können daher auch eher als gutartig bezeichnet werden. Des Weiteren lassen sie sich von destruktiven Aggressionen darin unterscheiden, dass ihnen *keine subjektive Feindseligkeit* zugrundeliegt. Diese positive Form von Aggressionen, welche sich durch eine zweckmäßige Natur kennzeichnen, werden im Menschen ausgelöst, wenn er sich in seinen vitalen Interessen bedroht fühlt (vgl. Rumpf 2002, S. 13). Aggression kann somit also auch von einer positiven Seite her gesehen werden, denn „[s]ie ermöglicht uns persönliche Merkmale unseres menschlichen Auftretens, die wir zum Überleben unbedingt brauchen" (Weighardt 1999, S. 9). So kommt der kindlichen Aggression bspw. auch die Funktion zu, Angst und Anspannung durch ein erfolgreiches aggressiv ausgeübtes Verhalten abbauen zu können (vgl. ebd.).

5.2 Aggressives Verhalten bei Kindern und Jugendlichen aufgrund mangelnder Anerkennung im Kindesalter – Eine Darstellung zwei verschiedener Erklärungsansätze

In diesem letzten Abschnitt gilt es, die leitende These der Arbeit und somit den Zusammenhang zwischen mangelnder Anerkennung und aggressivem Verhalten wissenschaftlich zu belegen. Dies kann auf zwei verschiedenen Argumentationswegen erfolgen. Die erste Begründung greift auf die in Kapitel drei angeführte Bedürfnisthematik und auf wichtige Überlegungen von Maslow zurück, wobei aggressives Verhalten als ein *Resultat des nicht befriedigten kindlichen Bedürfnisses nach Anerkennung* aufgefasst werden kann. Ein weiterer Erklärungsversuch, welcher sehr häufig in der erziehungswissenschaftlichen und psychologischen Literatur zu finden ist, stellt die *Identitätsbildung und die Ausbildung von Aggression* in einen Zusammenhang. Bezogen auf die Anerkennungsthematik, verläuft die Argumentationsstruktur hierbei so, dass sich eine negativ oder gestört entwickelte Selbstbeziehung durch mangelnde oder sogar fehlende Anerkennung im Kindesalter begründen lässt und sich aufgrund dessen, wie Honneth betont, lediglich eine geringe oder gar keine Form von Selbstvertrauen, Selbstachtung oder Selbstwertgefühl bzw. Selbstschätzung ausbilden kann. Dadurch kann sich schließlich das aggressiv-dissoziale Verhalten bei Kindern und Jugendlichen ausbilden. Letztere Form der Selbstbeziehung, wird bei dieser Argumentation eine große Rolle spielen, aber auch die Verwehrung der Anerkennungsform Liebe, die sich Honneth zufolge in Form einer physischen Misshandlung äußern kann, wird in diesem Begründungszusammenhang von Bedeutung sein.

5.2.1 Aggression als Folge des beim Kind unzureichend erfüllten Bedürfnisses nach Anerkennung

Maslow zufolge kann die Entstehung von Aggressionen darauf zurückgeführt werden, dass sich beim Menschen entweder gewisse Zustände eines Mangels verzeichnen lassen, oder er damit die Intention verfolgt, seine eigenen, mangelhaft erfüllten Bedürfnisse zu befriedigen. Seiner Auffassung nach gilt also die *unzureichende Bedürfniserfüllung* als Ursprung für aggressives Verhalten (vgl. Rumpf 2002, S. 21 f.). Dieser Entstehungsgrund lässt sich auch auf die kindliche Aggression beziehen. Maslow führt diesen Gedanken in *Motivation und Persönlichkeit* explizit an, und ist der Überzeugung, dass ein unmittelbarer Zusammenhang u.a. zwischen der mangelnden Befriedigung des beim Kind bestehenden Bedürfnisses nach Anerkennung – oder wie er es nennt, des Verlangens nach Selbstachtung – und dem destruktiv gezeigten Verhalten des Kindes besteht[14] (vgl. Maslow 1996, S. 151 f.):

> „(...) das Kind, das unsicher und in seinen Bedürfnissen nach Sicherheit, Liebe, Geborgenheit und Selbstachtung frustriert und bedroht ist, [wird] mehr Egozentrik, Haß, Aggression und Destruktivität aufweisen (...). Kinder, die grundlegend geliebt und respektiert werden von ihren Eltern, werden weniger Destruktivität zeigen (...). Das schließt eine reaktive, instrumentale oder defensive Interpretation der Feindseligkeit ein und nicht eine instinktive" (ebd.)[15].

Maslow tritt im Rahmen seiner Ausführungen hierzu – so liest es sich zumindest an mancher Stelle – als eine Art Anwalt des Kindes ein, und versucht der Erwachsenenwelt begreiflich zu machen, dass die Wahrscheinlichkeit für eine Entstehung und Ausübung aggressiven Verhaltens steigt, wenn sich den grundlegenden Bedürfnissen eines Kindes explizit abgewandt wird, oder zumindest die Drohung erfolgt, sich diesen nicht zuzuwenden. Unter dieser Abwendung fasst der Motivationsforscher u.a. die Erfahrung von *Enttäuschungen, Zurückweisungen* oder die *Angst vor Respektverlust* auf (vgl. ebd., S. 153 f.). Damit will er in einem anthropologischen Sinne deutlich machen, dass kindliche Aggressionen nicht aufgrund eines angeborenen Destruktionstriebes entspringen, welcher das Kind dazu veranlasst, generell andere Personen zu hassen oder ihnen schaden zu wollen (vgl. ebd., S. 152 ff.). Vielmehr hebt Maslow damit einen *sozialen Entstehungsgrund* hervor, den man mit der Missachtung kindlicher Bedürfnisse im menschlichen Miteinander bezeichnen kann. Diesem gilt es jedoch im Kindesalter entgegenzuwirken, um die Ausbildung von aggressiv-dissozialem Verhalten bei Kindern und Jugendlichen einzudämmen.

Dieser Gedanke ist auch bei Gunther Klosinski zu finden. Er ist Professor für Kinder- und Jugendpsychiatrie an der Universitätsklinik in Tübingen, und setzt sich in einem Beitrag zur *Aggression und Gewaltbereitschaft* mit der Frage auseinander, wie Eltern, Erwachsene und gesellschaftlich verankerte Institutionen dem aggressiven und gewaltbereiten Verhalten bis hin zur ausgeübten Kriminalität von Kindern und Jugendlichen *Prävention* leisten können, bzw. wie sie diese Verhaltensweisen zu beseitigen vermögen

---

[14] Der Aspekt, dass das Bedürfnis nach Achtung Maslow zufolge auch das Verlangen nach Anerkennung impliziert, wurde bereits in Kapitel drei aufgegriffen.
[15] Der zuletzt angeführte Gedanke macht deutlich, dass es sich dabei ausdrücklich um eine destruktive Form der Aggression handelt, nicht etwa um eine angeborene konstruktive.

(vgl. Klosinski 2003, S. 62). Für ihn liegt die Lösung in einem *unterstützenden Umfeld* des Kindes:

> „›Eine fördernde Umwelt‹ ist auf allen Entwicklungsstufen unserer Kinder und Jugendlichen u.a. ausschlaggebend dafür, dass Aggression in die ›rechte Bahn‹ gelenkt wird, das heißt, hin zu einer Entwicklung, die eine gesunde Selbstbehauptung, Standfestigkeit, Zivilcourage und ein gesundes Selbstbewusstsein ermöglicht" (Klosinski 2003, S. 62).

Im Rahmen seiner Ausführungen hierzu, bezieht er sich auf Helm Stierlin, der sich mit der *Aggression in der menschlichen Beziehung* befasst hat, und als Prämisse für die Bekämpfung aggressiven Verhaltens die Dialektik von Beziehungsgleichgewichten sieht, welcher bereits in der frühesten Kindheitsphase eine wichtige Rolle zukommt. Daher kennzeichnet sich eine gute Elternschaft laut Stierlin dadurch, das Kind in seinem spezifischen Sein zu akzeptieren, dieses also *so wie es ist anzuerkennen* und zudem zu ergründen, was seine grundlegenden Bedürfnisse sind. Somit lautet eine der wichtigen Thesen Klosinskis, die sich auf die Prävention und den Abbau von Aggression, Gewalt-Bereitschaft und Kriminalität beziehen, dass diese Ziele u.a. dadurch erreicht werden können, wenn bereits im Rahmen der kindlichen Entwicklung *ausgewogene Beziehungsgeflechte* bestehen. Eine weitere Überzeugung des Kinder- und Jugendpsychiaters bezieht sich nochmals explizit auf den Stellenwert der Bedürfnisbefriedigung für einen gelingenden Entwicklungsprozess des Kindes. Er betont dabei insbesondere das bereits in der Kindheit bestehende, *elementare Bedürfnis nach der liebevollen Anerkennung* seitens der Eltern (vgl. ebd., S. 62 f.):

> „Die Grundbedürfnisse einer gedeihlichen Entwicklung sind die einer liebenden Akzeptanz und Annahme des Kindes einerseits, das Gewähren eines Freiraumes zum Experimentieren und Entfalten andererseits. (…) Kommunikationsfähigkeit und die Ausbildung von Selbstbewusstsein sind zwei wichtige protektive Faktoren, die die Gewaltbereitschaft (…) minimieren können" (ebd., S. 63).

Dass die Entwicklung eines gesunden Selbstbewusstseins bzw. einer gesunden Identität von großer Bedeutung ist, damit sich aggressives Verhalten gar nicht erst ausbilden kann, soll im Folgenden dargelegt werden.

5.2.2 Die Ausbildung aggressiven Verhaltens aufgrund einer gestörten Identitätsbildung im Zuge mangelnder wechselseitiger Anerkennung

Die Tatsache, dass die Identitätsbildung und somit die Ausbildung der Selbstbeziehung eines Menschen in einem engen Zusammenhang mit dem ausreichenden Erlangen bzw. der zureichenden Erfahrung einer wechselseitigen Anerkennung im menschlichen Miteinander steht – sei es in Form der Liebe, der Zuerkennung des Status eines vollwertigen und moralisch gleichberechtigten Individuums oder der sozialen Wertschätzung – wurde bereits in Kapitel vier unter Bezugnahme zu Honneths Anerkennungstheorie aufgezeigt. Wird eines dieser drei intersubjektiven Anerkennungsmuster zu irgendeinem Zeitpunkt im Lebens eines Individuums nicht erfahrbar, so bringt dies Honneth zufolge negative Konsequenzen mit sich, u.a. auch Wut (vgl. Honneth 1992, S. 202), die sicherlich auch in ein aggressiv-dissoziales Verhalten übergehen kann:

> „(…) bleibt eine solche Form der sozialen Zustimmung auf irgendeiner Stufe seiner Entwicklung aus, so reißt das in seiner Persönlichkeit gleichsam eine psychische Lücke auf, in die negative Gefühlsreaktionen wie die Scham oder die Wut treten" (ebd.)

Ein weiterführender Gedanke zum eingangs erwähnten Zusammenhang und zu Honneths eben erwähnten Worten ist, dass eine fehlgelaufene Identität oder negative Selbstbeziehung wiederum als *Prädiktor von Aggression* angesehen werden kann, und diesbezüglich ebenfalls eine wechselseitige Beziehung zu verzeichnen ist.

So verweist Ulrich Weighardt, der sich im Kontext seiner Diplomarbeit mit der Identitätsbildung bei Kindern und Jugendlichen aus einer sozialpädagogischen Perspektive heraus beschäftigt, auf den berühmten Psychoanalytiker Erik Homburger Erikson hin, welcher Wut und destruktives Verhalten durch eine *fehlgelaufene Identität* begründet (vgl. Weighardt 1999, S. 56): „Immer wenn, so *Erikson*,[91] die Identitätsentwicklung (…) die Verheißung einer gesicherten Ganzheit verliert, kann das Erwachen einer spezifischen Wut die Folge sein" (ebd.). Diese Korrelation zwischen einer nicht gelungenen Identität und der zerstörenden Form von Aggression, wird, wenn auch größtenteils etwas verdeckt – da hierbei meist nur auf das Selbstwertgefühl als Teil des Selbstverhältnisses eingegangen wird – in der pädagogischen und psychologischen Literatur immer wieder aufgegriffen. Bezogen auf Kinder, ist es bspw. wissenschaftlich bewiesen, dass jene mit einem großen und gefestigten Selbstwertgefühl, das als Teil einer gelungenen

Identität angesehen werden kann, am wenigsten dazu neigen, aggressiv zu handeln. Auch kann man festhalten, dass es bei Kindern, die in einem unzureichenden Umfang eine Anerkennung von Seiten ihrer Umwelt erfahren, zur Entwicklung eines *mangelnden Selbstwertgefühls* kommen kann. In Folge dessen, eignen sich einige Kinder, die eine solche Erfahrung machen, aggressive Verhaltensweisen an, weil sie sich dadurch erhoffen, die fehlende Anerkennung zumindest innerhalb der Peers einfordern zu können (vgl. Schirmer 2011, S. 24):

> „Mangelnde Anerkennung im gesellschaftlichen, familiären und freundschaftlichen Umfeld kann zu einem mangelnden Selbstwertgefühl führen. Einige Kinder mit aggressivem Verhalten haben einen Weg gefunden, um Anerkennung zu bekommen. Sie erhoffen sich durch ihr Verhalten die Bestätigung von Gleichaltrigen (…)" (ebd.).

Das kann auch damit erklärt werden, dass gewisse Minoritäten versuchen, durch aggressives Verhalten ihren Selbstwert zu erhöhen oder zumindest aufrechtzuerhalten, um das Fehlen von *Quellen der Selbstwertstützung*, wie Anerkennung eine darstellt, zu kompensieren (vgl. Fischer 2014, S. 35).

Darüber hinaus wird aggressives Verhalten auch oft als eine *Reaktion auf die Bedrohung des eigenen Selbstwertes* erklärt. Eine derartige bedrohende Situation kann sich für ein Individuum bspw. dadurch ergeben, dass es in seinem Sein generell infrage gestellt wird, ihm also keine Bejahung und somit keine Anerkennung zukommt (vgl. Petermann / Koglin 2013, S. 2). Insbesondere Eltern können zur Entstehung einer solchen bedrohenden Gegebenheit beitragen, wenn sie dem Kind ihre Anerkennung in Form der Liebe verwehren, oder es sogar körperlich bestrafen. Dies weist auf die von Honneth beschriebene Missachtungsform der *physischen Misshandlung* hin, die – wie in Kapitel 4.2.1 angeführt – dem Anerkennungsmuster Liebe zugeordnet werden kann. Die elterliche Liebe alleine ist zwar sicherlich kein Schutz vor einer Aggressions-Entwicklung bei Kindern und Jugendlichen, jedoch gilt sie als grundlegende Prämisse für deren seelische Gesundheit. Zudem werden zuverlässigen und liebevollen Bezugspersonen bei aggressiv gewordenen Kindern und Jugendlichen ein hoher Stellenwert zugeschrieben, wenngleich die entgegengebrachte Liebe alleine nicht reicht, um ihre Aggressionen abbauen zu können (vgl. ebd., S. 4).

Des Weiteren wird in der Literatur, die sich mit aggressivem Verhalten im Kindes- und Jugendalter befasst, immer wieder darauf hingewiesen, dass *körperliche Züchtigungen* sowie *physische Misshandlungen und Missbrauch* seitens der Eltern, aber sicherlich auch seitens anderer wichtiger Bezugspersonen, als bedeutsame und ernstzunehmende *Risikofaktoren* für die Ausbildung von aggressiv-dissozialem Verhalten bei Kindern und Jugendlichen gelten (vgl. ebd., S. 46; Sturzbecher / Hermann 2003, S. 195 f.; Bischof-Köhler 2011, S. 177). Führen u.a. diese risikoerhöhenden Faktoren dazu, dass sich Aggressionen im Verhalten bei Individuen im Laufe der Kindheits- und Jugendphase verfestigen, kann dies einen Teufelskreis in Gang setzen, da aggressive Kinder und Jugendliche als Reaktion auf ihr Verhalten u. U. eine ihnen entzogene Liebe und Anerkennung erfahren, und sich aus dieser Frustration heraus das aggressive Verhalten noch verstärken kann (vgl. Bischof-Köhler 2011, S. 178):

> „Gravierender noch als körperliche Strafe dürften sich weitere Konsequenzen auswirken, die das aggressive Verhalten nach sich ziehen kann. Hier wären vor allem der *Liebesentzug* wie auch generell der Verlust positiver Geltung und Anerkennung zu nennen, wodurch Geborgenheits- und Geltungsbedürfnisse frustriert werden" (ebd.).

Insgesamt kann im Rahmen dieses Erklärungsansatzes festgehalten werden, dass *destruktive Aggressionen als Verletzungen des Selbst* zu verstehen sind, die sich vor allem dadurch minimieren, beseitigen oder gar vorbeugen lassen, indem der Selbstwert eines Individuums gestärkt wird (vgl. Waibel 1994, S. 136; 215). Eva Maria Waibel, die sich 1994 in ihrer gleichnamigen Monographie mit der *Erziehung zum Selbstwert* befasst hat, erklärt das verstärkte Neigen zur Aggressionsausübung unter Bezugnahme auf Virgina Satir, welche sich mit einer systemischen Auffassung des Selbstwertes auseinandersetzt, folgendermaßen:

> „Menschen mit fehlendem oder geringem Selbstwert würden von anderen (…) erwarten, daß sie bestätigt würden. Aus diesem Angewiesensein entstünde ein Problem, wenn diese Bestätigung nicht erfolge (vgl. Satir 1990, S. 54). Solche Menschen (…) würden [u.a.] oft zu Werkzeugen des Hasses und der Zerstörungswut [sic!] und seien anfällig für aktive und passive Gewalt (vgl. Satir 1990, S. 44, S. 57)" (ebd., S. 138 f.).

Demnach ist auch bei Satir die Überzeugung zu finden, dass Kinder, die in ihrem Verhalten destruktive Aggressionen zeigen, einen niedrigen Selbstwert besitzen (vgl. ebd., S. 139).

Sicherlich kommt der Familie als primäre Sozialisationsinstanz bei der Ausbildung des Selbstwerts ihrer Kinder eine wichtige Bedeutung zu. Dennoch ist es auch für die Pädagogik von großer Wichtigkeit, sich die wechselseitige Beziehung zwischen Identitätsbildung und der Entstehung aggressiven Verhaltens der Kinder und Jugendlichen in ihrer Bedeutung vor Augen zu führen, da Pädagogen oftmals die Aufgabe zukommt, ihr fachspezifisches Wissen in Situationen von Identitätskrisen anzuwenden, und damit gleichsam den betroffenen Kindern und Jugendlichen Unterstützung zu leisten. So betont Weighardt bspw., dass Sozialpädagogen durch ein bewusstes Handeln Einfluss auf die Identitätsbildung haben können, indem sie mit Kindern und Jugendlichen u.a. an ihrem Selbstwert arbeiten. Darüber hinaus vermögen sie diesen auch einen veränderten Zugang zu, und ein modifiziertes Begreifen der eigenen Aggressionen verschaffen (vgl. Weighardt 1999, S. 10 f.).

6 Schlussteil

In der vorliegenden Arbeit konnte aufgezeigt werden, dass intersubjektive Anerkennung eine bedeutsame Stellung innerhalb der kindlichen Entwicklung einnimmt. Schlussendlich kann festgehalten werden, dass das Erlangen von Anerkennung eine fundamentale Voraussetzung für die Ausbildung einer positiven Selbstbeziehung des Kindes darstellt, die durch ein gesundes Maß an Selbstvertrauen, Selbstachtung und Selbstwertgefühl bzw. Selbstschätzung gekennzeichnet ist. Dies kann durch die affektive Anerkennungsweise der Liebe, mittels der Zuerkennung der in unserer Gesellschaft geltenden Rechte in Form der rechtlichen Anerkennung und auf dem Wege einer sozialen Wertschätzung der kindlichen Fähigkeiten, Leistungen und Eigenschaften gewährleistet werden.

Eine interessante Frage, der sich in dieser Arbeit nicht gewidmet werden konnte, ist, inwiefern und auf welche Art und Weise die genannten Anerkennungsmuster im Kindesalter umgesetzt werden können. Diese aufgeworfene Frage begründet sich dadurch, dass mit Honneths Ausführungen zu den drei Anerkennungsformen ausschließlich geklärt werden kann, wie diese auf einer theoretischen Ebene zu begreifen sind. Zudem bilden sie Idealtypen ab, was bedeutet, dass die Formen nicht unbedingt auf die Realität in dieser Weise übernommen werden können. Im Rahmen der Erziehungswissenschaft kann deshalb zum Beispiel gefragt werden, wie eine solche Umsetzung innerhalb pädagogischer Institutionen, in denen Teile des Sozialisationsprozesses von Kindern stattfinden und in welchen Kinder viel Zeit verbringen – zu nennen sind hier insbesondere Kindertageseinrichtungen und die Institution Schule – erfolgen kann. Dieser Fragestellung habe ich mich in einer Seminararbeit im Wintersemester 2011/2012 angenommen und meine Perspektive dabei auf den Kindergarten als pädagogische Einrichtung begrenzt. Dabei habe ich die Erfahrung gemacht, dass die drei Anerkennungskonstrukte von Honneth in diesem Kontext gut auf deren Bedeutung für die pädagogische Praxis überprüft und herausgearbeitet werden können.

Um den Zusammenhang zwischen einer ausreichenden Erfahrung von zwischenmenschlicher Anerkennung und einer positiven Identitätsbildung des Kindes zu belegen, wurde der gegenteilige Fall aufgezeigt – dass mangelnde Anerkennung mit einer gestörten Identitätsbildung einhergeht – und, wenn auch nur implizit, gefragt: Was kann passieren, wenn Individuen bereits im Kindesalter zu wenig Anerkennung von Seiten ihrer wichtigsten Bezugspersonen zukommt? Um eine negative Konsequenz bezüglich dieser Frage, welche hinter der leitenden These der Arbeit steht, anzuführen, konnte anhand einer Auseinandersetzung mit dem kindlichen Anerkennungsbedürfnis sowie unter Rückbezug auf die anerkennungstheoretische Konzeption von Honneth aufgezeigt und begründet werden, dass aggressives Verhalten aus eben dieser unzureichenden Erfahrung von Anerkennung im Kindes- und Jugendalter entstehen kann.

Im Anschluß an die wissenschaftliche Fundierung der leitenden These, erscheint es mir an dieser Stelle abschließend wichtig zu betonen, dass mangelnde Anerkennung in der vorliegenden Arbeit zwar als Ursprung oder Quelle von aggressivem Verhalten bei Kindern und Jugendlichen angesehen wird, es jedoch immer ein *Zusammenspiel mehrerer Ursachen und Risikofaktoren* darstellt, das für die Ausbildung eines solchen abweichenden Verhaltens verantwortlich ist. Demnach sollte keine isolierte Betrachtung möglicher Gründe für die Erklärung von Aggressionen erfolgen. Darüber herrscht im wissenschaftlichen Diskurs mittlerweile Konsens. Im Rahmen dieser Arbeit geht es jedoch nicht darum, eine umfassende Begründung für die Entstehung aggressiv-dissozialen Verhaltens bei Kindern und Jugendlichen zu liefern. Vielmehr liegt der Fokus hierbei auf der Anerkennungsthematik im pädagogischen Diskurs, der sich im Rahmen dessen meines Erachtens viel stärker bzgl. ihrer Wichtigkeit angenommen werden sollte, um ein Bewusstsein für die negativen Konsequenzen einer mangelnden Anerkennung zu schaffen, und diesen entgegenwirken zu können. Daher wird sich nur dem aggressiven Verhalten als eine negative Folge gewidmet. Dies stellt jedoch nur eine Möglichkeit dar, um die schwerwiegenden Folgen einer gestörten Identitätsentwicklung wegen unzureichender Anerkennung eines Individuums in seinem Sein zu verdeutlichen. Sicherlich können dadurch auch andere abweichende Verhaltensweisen, psychische Störungen und Probleme bei Kindern und Jugendlichen entstehen.

Wie aus der These deutlich hervorgeht, wird sich auf die mangelnde Anerkennungserfahrung, die im Kindesalter stattfindet, beschränkt. Dieses Vorgehen begründet sich zum einen natürlich durch den pädagogischen Hintergrund des Interesses, zum anderen aber auch dadurch, dass Erlebtes in der Kindheit in vielerlei Hinsicht als ein wichtiger Grundstein gilt – so auch im Rahmen der Anerkennungsthematik. Als Belege hierfür sei bspw. zu erwähnen, dass sich – wie die Arbeit gezeigt hat – das Bedürfnis nach Anerkennung bereits ab dem 21. Lebensmonat beim Menschen ausbildet. Wenn dieses von dort an besteht, kann es natürlich auch schon im Kindesalter unzureichend befriedigt werden. Deshalb, und v.a. auch, weil es sehr ausschlaggebend für die weitere Entwicklung eines Menschen ist, ob ihm gewisse Bedürfnisse im zwischenmenschlichen Miteinander in der Kindheit erfüllt werden, bezieht sich die Arbeit auf die entgegengebrachte

Anerkennung seitens wichtiger Bezugspersonen in der Kindheit. Zudem kann davon ausgegangen werden, dass wenn sich aggressive Verhaltensweisen beim Kind zunächst einmal verfestigt haben, es eine Herausforderung darstellt, dieses wieder aufzubrechen und zu verhindern, dass es im späteren Leben des Kindes weiterhin fortbestehen bleibt. So zeigen einige Längsschnittstudien anhand empirischer Ergebnisse das existierende Phänomen eines über den Lebenslauf hinweg stabiles aggressives Verhalten auf, dessen Ursprünge in der Kindheit zu verzeichnen sind, und somit auch in der Jugend bis hin zum Erwachsenenalter vorherrschend ist. Man kann dies auch als ein stabiles aggressiv-dissoziales Verhalten (vgl. Petermann / Koglin 2013, S. 26) oder als „chronisch aggressiv-dissoziales Verhalten mit Beginn in der Kindheit" (ebd., S. 27) bezeichnen. Aufgrund dieser möglichen Ausbildung eines sich über den gesamten Lebenslauf erstreckenden aggressiven Verhaltens, ist es meines Erachtens für die Erziehungswissenschaft von großer Bedeutung, bereits in der Kindheit wurzelnde Risikofaktoren, wie jener der mangelnden Anerkennung einer ist, ausfindig zu machen und sich mit ihnen in ihrer Bedeutung für das einzelne Individuum, aber auch für die Gesellschaft auseinanderzusetzen, um sie in ihrer Ausbildung verhindern oder herabsetzen können.

7 Literaturverzeichnis

7.1 Verwendete Literatur

Balzer, Nicole: Spuren der Anerkennung. Studien zu einer sozial- und erziehungswissenschaftlichen Kategorie. Wiesbaden: 2014

Balzer, Nicole / Ricken, Norbert: Anerkennung als pädagogisches Problem – Markierungen im erziehungswissenschaftlichen Diskurs. In: Schäfer, Alfred / Thompson, Christiane (Hrsg.): Anerkennung. Paderborn (u.a.): 2010, S. 35-88

Bischof-Köhler, Doris: Soziale Entwicklung in Kindheit und Jugend. Bindung, Empathie, Theory of Mind. Stuttgart: 2011

Borst, Eva: Anerkennung der Anderen und das Problem des Unterschieds. Perspektiven einer kritischen Theorie der Bildung. Baltmannsweiler: 2003

Figura, Ursula: Bedürfnisse von Kleinkindern unter drei Jahren erkennen und deuten. Entwicklung und Erprobung eines Instruments für die pädagogische Praxis. Reihe: Berichte aus der Pädagogik. Aachen: 2011

Fischer, Christian: Prädiktoren von Aggression. Eine Untersuchung der Faktoren Wahrnehmung und Regulation von Emotionen, Ambiguitätstoleranz, Selbstwertschätzung und Selbstwertdiskrepanz bei Patienten aus der Forensischen und der Allgemeinen Psychiatrie. In: Europäische Hochschulschriften. Reihe VI Psychologie, Band 767. Frankfurt am Main (u.a.): 2014

Honneth, Axel: Kampf um Anerkennung. Zur moralischen Grammatik sozialer Konflikte. Frankfurt am Main: 1992

Kaletta, Barbara: Anerkennung oder Abwertung. Über die Verarbeitung sozialer Desintegration. Wiesbaden: 2008

Klosinski, Gunther: Aggression und Gewaltbereitschaft unserer Kinder und Jugendlichen – Anmerkungen des Kinder- und Jugendpsychiaters. In: Färber, Hans-Peter / Lipps, Wolfgang / Seyfarth, Thomas (Hrsg.): Besonderheiten seelischer Entwicklung. Störung – Krankheit – Chance. In: Färber, Hans-Peter (Hrsg.): Schriftenreihe der Körperbehindertenförderung Neckar-Alb. Tübingen: 2003, S. 48-68

Küster, Ernst-Uwe / Thole, Werner: Wertschätzung. In: Kreft, Dieter / Mielenz, Ingrid (Hrsg.): Wörterbuch Soziale Arbeit. Aufgaben, Praxisfelder, Begriffe und Methoden der Sozialarbeit und Sozialpädagogik. Weinheim (u.a).: 2013^7, S. 1011-1012

Maslow, Abraham H.: Motivation und Persönlichkeit. Reinbek bei Hamburg: 1996$^{29.-31.}$ Tausend

Nolting, Hans-Peter: Lernfall Aggression. Wie sie entsteht – Wie sie zu vermindern ist. Ein Überblick mit Praxisschwerpunkt Alltag und Erziehung. Reinbek bei Hamburg: 1995$^{81.-85.Tausend}$

Oerter, Rolf / Dreher, Eva: Jugendalter. In: Oerter, Rolf / Montada, Leo (Hrsg.): Entwicklungspsychologie. Ein Lehrbuch. Weinheim: 1998^4, S. 310-395

Petermann, Franz / Koglin, Ute: Aggression und Gewalt von Kindern und Jugendlichen. Hintergründe und Praxis. Berlin: 2013

Rumpf, Joachim: Kinder brauchen mehr als pädagogische Angebote. Über die Grundbedürfnisse von Kindern. In: Krenz, Armin (Hrsg.): Handbuch für ErzieherInnen, Teil 4, S. 1-43. München: 2009^{55}

Rumpf, Joachim: Schreien, schlagen, zerstören. Mit aggressiven Kindern umgehen. In: Reihe:»Kinder sind Kinder«, Band 21. München / Basel: 2002

Schirmer, Brita: Herausforderndes Verhalten in der KiTa. Zappelphilipp, Trotzkopf & Co. Göttingen: 2011

Schäfer, Alfred / Thompson, Christiane: Anerkennung – eine Einleitung. In: Schäfer, Alfred / Thompson, Christiane (Hrsg.): Anerkennung. Paderborn (u.a.): 2010, S. 7-34

Sitzer, Peter / Wiezorek, Christine: Anerkennung. In: Heitmeyer, Wilhelm / Imbusch, Peter (Hrsg.): Integrationspotenziale einer modernen Gesellschaft. Wiesbaden: 2005, S. 101-132

Sturzbecher, Dietmar / Hermann, Ute: Aggression und Konflikterziehung im Kindergarten. In: Sturzbecher, Dietmar / Großmann, Heidrun (Hrsg.): Soziale Partizipation im Vor- und Grundschulalter. Grundlagen. München: 2003, S. 173-222

Waibel, Eva Maria: Erziehung zum Selbstwert. Persönlichkeitsförderung als zentrales pädagogisches Anliegen. In: Petersen, Jörg / Reinert, Gerd-Bodo (Hrsg.): Reihe: Innovation und Konzeption, Band 4. Donauwörth: 1994

7.2 Verwendete Internetquellen

Heinzel, Friederike / Prengel, Annedore: Vorwort zur Online-Dokumentation des Symposions „Eine Kultur der Anerkennung in Kindergarten und Grundschule". In: Dokumentation zum Symposion „Eine Kultur der Anerkennung in Kindergarten und Grundschule" Teil I im Rahmen der didacta - die Bildungsmesse am 12. Februar 2009. Hannover: 2009, S. 2, unter:
http://www.bildungsmedien.de/print/termine/seminare-tagungen/symposion-eine-kultur-der-anerkennung-in-kindergarten-und-grundschule/
(abgerufen am: 14.06.2014)

Joswig, Helga: Phasen und Stufen in der kindlichen Entwicklung. In: Bayerisches Staatsministerium für Arbeit und Sozialordnung, Familie und Frauen (Hrsg.): Das Familienhandbuch des Staatsinstituts für Frühpädagogik (IFP): 2013, unter:
http://www.familienhandbuch.de/kindliche-entwicklung/allgemeine-entwicklung/phasen-und-stufen-in-der-kindlichen-entwicklung
(abgerufen am: 20.08.2014)

Ministerium für Bildung, Wissenschaft und Weiterbildung Rheinland-Pfalz: Bedürfnisorientierte Erziehung? In: Kommission „Anwalt des Kindes". Empfehlung 19. Mainz: 1995, unter:
http://anwalt-des-kindes.bildung-rp.de/fileadmin/user_upload/anwalt-des-kindes.bildung-rp.de/empfehlungen/empf19.pdf
(abgerufen am: 28.10.2014)

Weber, Doris: Das Ja zum Sein. Anerkennung als Lebensgrundlage. In: SWR2 Glauben: 07.02.2010, 12:05 Uhr, unter:
http://www.swr.de/swr2/programm/sendungen/glauben/-/id=5797900/property=download/nid=659102/1pjleko/swr2-glauben-20100207.pdf
(abgerufen am: 29.01.2015)

Weighardt, Ulrich: Die Identitätsbildung von Kindern und Jugendlichen – ein konstruktiver Umgang mit Aggressionen. Dargestellt und orientiert an der Sozialpädagogischen Arbeit in einem Heilpädagogischen Heim: 1999, unter:

http://www.foepaed.net/volltexte/weighardt/identitaet.pdf

(abgerufen am: 26.01.2015)

Werner, Annegret: Was brauchen Kinder, um sich altersgemäß entwickeln zu können? In: Kindler, Heinz et al. (Hrsg.): Handbuch Kindeswohlgefährdung nach §1666 BGB und Allgemeiner Sozialer Dienst (ASD). München: 2006, Kapitel 13, unter:

http://www.dresden.de/media/pdf/jugend/asd_handbuch_gesamt.pdf

(abgerufen am: 18.08.2014)

BEI GRIN MACHT SICH IHR WISSEN BEZAHLT

- Wir veröffentlichen Ihre Hausarbeit, Bachelor- und Masterarbeit

- Ihr eigenes eBook und Buch - weltweit in allen wichtigen Shops

- Verdienen Sie an jedem Verkauf

Jetzt bei www.GRIN.com hochladen und kostenlos publizieren

Lightning Source UK Ltd.
Milton Keynes UK
UKHW011233240921
391121UK00002B/344